O VALOR DAS ESCOLHAS

Entenda como funciona a evolução
do modelo de negócio

Fabian Salum
Doutor em Administração com ênfase
em Modelo de Negócios
Professor Titular na Fundação
Dom Cabral - FDC

Karina Coleta
Doutora em Administração com
ênfase em Estratégia
Professora Associada na Fundação
Dom Cabral - FDC

O VALOR DAS ESCOLHAS

Entenda como funciona a evolução do modelo de negócio

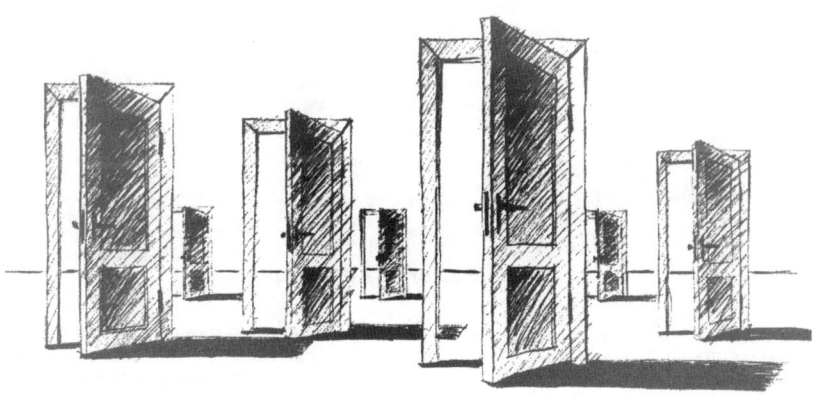

ALTA BOOKS
GRUPO EDITORIAL

Rio de Janeiro, 2023

O Valor das Escolhas

Copyright © 2023 Alta Books.
Alta Books é uma empresa do Grupo Editorial Alta Books (STARLIN ALTA EDITORA E CONSULTORIA LTDA.)
Copyright © 2023 Fabian Salum e Karina Colete.
ISBN: 978-85-508-2190-0

Impresso no Brasil — 1ª Edição, 2023 — Edição revisada conforme o Acordo Ortográfico da Língua Portuguesa de 2009.

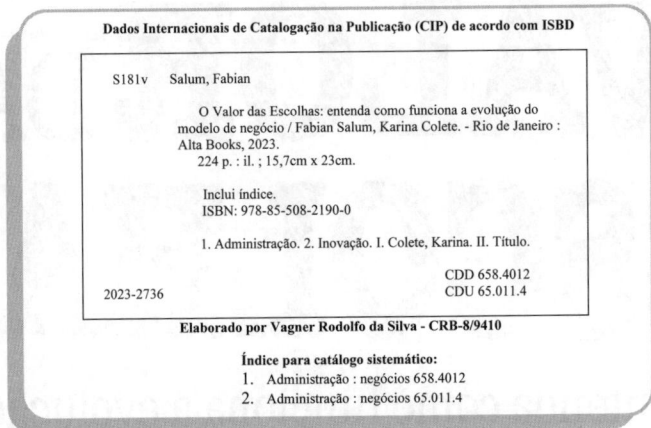

Dados Internacionais de Catalogação na Publicação (CIP) de acordo com ISBD

S181v   Salum, Fabian
            O Valor das Escolhas: entenda como funciona a evolução do modelo de negócio / Fabian Salum, Karina Colete. - Rio de Janeiro : Alta Books, 2023.
            224 p. : il. ; 15,7cm x 23cm.

            Inclui índice.
            ISBN: 978-85-508-2190-0

            1. Administração. 2. Inovação. I. Colete, Karina. II. Título.

2023-2736   CDD 658.4012
                                            CDU 65.011.4

Elaborado por Vagner Rodolfo da Silva - CRB-8/9410

Índice para catálogo sistemático:
1. Administração : negócios 658.4012
2. Administração : negócios 65.011.4

Todos os direitos estão reservados e protegidos por Lei. Nenhuma parte deste livro, sem autorização prévia por escrito da editora, poderá ser reproduzida ou transmitida. A violação dos Direitos Autorais é crime estabelecido na Lei nº 9.610/98 e com punição de acordo com o artigo 184 do Código Penal.

O conteúdo desta obra fora formulado exclusivamente pelo(s) autor(es).

Marcas Registradas: Todos os termos mencionados e reconhecidos como Marca Registrada e/ou Comercial são de responsabilidade de seus proprietários. A editora informa não estar associada a nenhum produto e/ou fornecedor apresentado no livro.

Material de apoio e erratas: Se parte integrante da obra e/ou por real necessidade, no site da editora o leitor encontrará os materiais de apoio (download), errata e/ou quaisquer outros conteúdos aplicáveis à obra. Acesse o site www.altabooks.com.br e procure pelo título do livro desejado para ter acesso ao conteúdo..

Suporte Técnico: A obra é comercializada na forma em que está, sem direito a suporte técnico ou orientação pessoal/exclusiva ao leitor.

A editora não se responsabiliza pela manutenção, atualização e idioma dos sites, programas, materiais complementares ou similares referidos pelos autores nesta obra.

Grupo Editorial Alta Books

Produção Editorial: Grupo Editorial Alta Books
Diretor Editorial: Anderson Vieira
Editor da Obra: Rosana Arruda
Vendas Governamentais: Cristiane Mutüs
Gerência Comercial: Claudio Lima
Gerência Marketing: Andréa Guatiello

Assistente Editorial: Ana Clara Tambasco
Revisão: Denise Himpel; Leandro Menegaz
Diagramação: Rita Motta
Capa: Cesar Godoy

Rua Viúva Cláudio, 291 — Bairro Industrial do Jacaré
CEP: 20.970-031 — Rio de Janeiro (RJ)
Tels.: (21) 3278-8069 / 3278-8419
www.altabooks.com.br — altabooks@altabooks.com.br
Ouvidoria: ouvidoria@altabooks.com.br

Editora afiliada à:

SOBRE OS AUTORES

Fabian Salum

Doutor em Administração pela PUC Minas com doutorado sanduíche no INSEAD – França.

Professor titular e pesquisador da Fundação Dom Cabral (FDC) nas áreas de Estratégia e Inovação desde 2009. Líder de pesquisas com ênfase em Modelos de Negócio, além de especialista em Gestão da Inovação desde 1989. É cofundador da *Practical Community in Business Models*, uma iniciativa do CRE-FDC.

Fabian Salum também é palestrante, orientador, examinador acadêmico, autor de artigos científicos, livros e capítulos de livros publicados por editoras no Brasil e no exterior (EUA, China, Reino Unido e União Europeia) e casos de ensino publicados no Case Centre. Possui artigos publicados em *journals* e revistas indexadas — alguns desses apresentados em congressos nacionais e internacionais, em que foi finalista e premiado. Atua como membro de conselhos de empresas familiares em diversas cadeias produtivas.

No âmbito educacional, atua como professor, pesquisador da FDC, lecionando em cursos de especialização, MBA, programas abertos e customizados. Na FDC, Salum foi Diretor de área com produtos para mercado, pesquisador, coordenador do Centro de Referência em Inovação Minas e do Centro de Referência em Estratégia. Atuou como Coordenador Técnico do Programa PAEX – Parceiros para Excelência no Brasil e América Latina. Promoveu missões internacionais e proferiu palestras em eventos promovidos pela FDC. Atualmente, coordenador acadêmico de programas de formação de executivos no portfólio de cursos da FDC.

Responsável técnico pelo Selo iImpact oferecido para startups da América Latina com edições anuais. Além disso, está como Conselheiro Consultivo da Câmara de Comércio Argentina e Brasil em São Paulo, além de ocupar vagas de conselheiro externo independente em algumas empresas no Brasil e América Latina.

Suas áreas de interesse e pesquisa são: Estratégia, Modelos de Negócio, *Leapfrogging* e Transformação Digital e Negócios de Impacto Positivo Socioambiental.

Karina Coleta

Doutora em Administração pela Pontifícia Universidade Católica de Minas Gerais. Mestra em Teologia pela Faculdade Jesuíta de Teologia e Filosofia. Especialista em Estudos da Tradução pela Universidade Gama Filho. Graduação em Economia pela Pontifícia Universidade Católica de Minas Gerais.

Professora Associada da Fundação Dom Cabral (FDC) nas áreas de Estratégia e Modelos de Negócio. Atua também como pesquisadora no Centro de Referência em Estratégia (CRE) da FDC desde 2017. É cofundadora da *Practical Community in Business Models*, uma iniciativa do CRE-FDC.

Tem experiência como pesquisadora na área de Administração desde 2002 quando começou a atuar no Núcleo de Marketing e Estratégia (NUME) da Universidade Federal de Minas Gerais (UFMG). Desde 1999 trabalha como tradutora técnica e literária no campo da Administração e da Teologia.

Possui artigos, capítulos de livro e casos de ensino publicados em congressos, revistas e bases de dados nacionais e internacionais.

Suas áreas de interesse são: Estratégia, Modelos de Negócio e Negócios de Impacto Social.

Em memória à minha mãe Marta Beatriz Rodriguez que me ajudou a realizar os meus sonhos.
— FABIAN SALUM

Ao Criador de todas as coisas.
— KARINA COLETA

AGRADECIMENTOS

Agradeço à minha esposa Rachel e aos meus filhos Júlia e Pedro pela complacente caminhada juntos.

— Fabian Salum

Ao amor que não se pode medir e que revela o valor da vida: meu marido Tcharley, meus filhos Hebert, Cauan e Tiago (*in memorian*). Aos meus pais e meus irmãos.

— Karina Coleta

SUMÁRIO

Prefácio 1

Carta ao Leitor 7

Introdução 9
    Convenções usadas neste livro, 11

1. Trajetória de descobertas e desenvolvimento: The Value of Choices Framework (VoC) — O Valor das Escolhas 13
    Evolução do Framework VoC: o Uso da Mandala, 18

2. Modelos de Negócio: Evolução e Abordagens Conceituais 25
    Afinal, o que é modelo de negócio?, 25
    Quais são os principais tipos de modelos de negócio existentes?, 25
    Franquia, 26
    Negócios de impacto socioambientais, 26
    B2B, 27
    Serviços de Assinatura, 28
    Freemium, 29
    A Essência do Modelo de Negócio, 30

3. Conceito de Valor 39
    O que é Valor, 39
    Criação de Valor, 41
    Criação de Valor na Cadeia Produtiva, 42

4. As Quatro Lentes de Valor 47
    Framework VoC — Instrumento de Autodiagnóstico, 51

5. Oferta de Valor 57
   Oferta de Valor: O elo entre as escolhas e
   as consequências, 57
   A dinâmica e a reconfiguração da oferta de valor
   no cenário global, 60
   O motivo por trás da oferta, 63
   Oferta de valor e modelo de negócio, 69

6. Escolhas 79
   Recursos, 80
   Atividades, 93
   Posicionamento, 110

7. Consequências 125
   Valor Criado, 126
   Valor Capturado, 137
   Valor Distribuído, 150

8. O Caso Extra: MRV 171
   O caso MRV é um exemplo a ser conhecido, 171
   Forma de vendas e relacionamento com corretores e
   imobiliárias, 174
   Criação e compartilhamento de valor com agentes
   financeiros, 175
   Valor entregue pela MRV para a CEF, 176
   Criação e compartilhamento de valor com colaboradores, 177
   Relacionamento com mão de obra própria, empreiteiras,
   corretores e imobiliárias, 177
   Criação e compartilhamento de valor com fornecedores, 178
   Criação e compartilhamento de valor com municípios, 180
   Criação e compartilhamento de valor, 180

Referencial Teórico 183
Índice 205

PREFÁCIO

Este livro do prof. Fabian Salum sobre modelos de negócio alegrou-me sobremaneira por dois motivos. Primeiro, ele representa uma iniciativa preciosa no mercado editorial brasileiro, tão carente de bons textos sobre esse fascinante tema. Afinal, os modelos de negócio têm merecido atenção crescente de gestores e acadêmicos ao redor do mundo. Em segundo lugar, sinto-me gratificado por ter contribuído, de forma modesta, para que este livro se tornasse realidade.

Conheci o prof. Fabian Salum em 2015, no meu gabinete no Programa de Pós-Graduação em Administração da PUC Minas. Ele era professor da Fundação Dom Cabral (FDC) e queria conversar comigo sobre meu interesse em orientá-lo no doutorado. A partir daquele momento, desenvolvemos uma prolífica parceria pelos quatro anos seguintes. O prof. Fabian ingressou no doutorado da PUC Minas, aproveitou a oportunidade para fazer um estágio no prestigiado INSEAD (França) e retornou ao Brasil para defender sua tese com maestria.

Essa história poderia se esgotar aqui. Afinal, qual é a importância de se compartilhar tais informações com o leitor deste livro? A resposta está na estratégia usada pelo prof. Fabian em seu doutorado. Em vez de seguir o lastimável protocolo das universidades brasileiras em geral — estimular doutorandos a produzirem uma tese sem qualquer relevância para o mundo real, ainda que academicamente aceitável —, o prof. Fabian decidiu que seu trabalho de doutoramento seria construído a partir das necessidades dos gestores. Nascia assim o framework de modelos de negócio denominado Value of Choices (VoC) — apresentado neste livro.

O VoC não é apenas o resultado da bem-sucedida trajetória do prof. Fabian como doutorando da PUC Minas. Ele é um instrumento concebido e desenvolvido para resolver problemas reais dos gestores a respeito dos seus modelos de negócio. Dessa forma, o VoC não é mais uma daquelas abstrações acadêmicas que surgiram da mente de intelectuais cercados de livros e desconectados do dia a dia das organizações e empresas. Ao contrário, sua gênese está exatamente no cuidadoso levantamento — feito pelo prof. Fabian — das dificuldades que os gestores encontravam para entender e avaliar seus modelos de negócio. Em outras palavras, o mundo real forneceu a fagulha necessária para o desenvolvimento do VoC.

O estimado leitor, porém, não deve entender essas palavras minhas como demonstração de desprezo pelas contribuições acadêmicas. Como sempre ensino aos meus alunos, parte significativa das ferramentas usadas em organizações e empresas são frutos de trabalhos acadêmicos (Porter, 1980). O meu argumento aqui é que o VoC representa a síntese daquela que deveria ser a forma de interação-padrão entre as universidades e o mundo real: os problemas a serem investigados academicamente têm que estar calcados na realidade. Desta forma, eles não podem ser aqueles "não-problemas" tão ao gosto de muitos intelectuais encastelados em seus gabinetes universitários. A partir daí, esses problemas reais devem ser estudados com todo o arsenal teórico relevante e que levará o pesquisador a entender suas complexidades em um nível que a prática pura e simples de mercado dificilmente permitiria.

Este é um outro aspecto importante do VoC: ele incorpora uma sólida pesquisa teórica, iniciada pelo prof. Fabian em seu doutorado e que se estende até hoje. Por essa razão, esse framework não contém apenas um esquema que pode ser útil aos gestores; ele também tem músculos, vasos sanguíneos e pele. É uma estrutura completa e orgânica, na qual as partes foram cuidadosamente colocadas em seus lugares e conectadas umas às outras. A gênese no mundo real é uma das forças do VoC, mas ela adiantaria muito pouco se ele não tivesse passado pela cuidadosa construção teórica do prof. Fabian ao longo dos anos.

Além desses aspectos mencionados até aqui, o VoC tem outra característica importante: ele continua sendo aprimorado a partir da interação entre teoria e prática.

O prof. Fabian e seus associados têm sido incansáveis em identificar as necessidades reais dos gestores, estudá-las com rigor teórico e incorporá-las ao VoC. Essa postura permite que gestores e acadêmicos tenham em mãos um framework sempre atual e relevante. E isto não é pouca coisa.

Tudo o que foi escrito até agora, porém, cairia no vazio se não entendêssemos melhor por que frameworks de modelos de negócio como o VoC podem ser tão importantes para a prática gerencial. Ao contrário do que muitos podem acreditar, o termo "modelo de negócio" já era conhecido desde os anos 1950 (Bellman *et al.*, 1957; Jones, 1960). Mas o evento que o tornou conhecido de fato ocorreu um pouco mais tarde: a ascensão das empresas pontocom a partir dos anos 1990 (Timmer, 1998).

A maneira relativamente caótica pela qual essas empresas foram constituídas levaram seus gestores — e stakeholders — a buscarem maneiras de entender como elas poderiam se sustentar financeira e economicamente no mercado. Em outras palavras, as pontocom precisavam de ferramentas capazes de auxiliar seus gestores a identificar e entender como elas estavam — ou não — capturando valor no mercado.

Logo no início ficou claro que essa demanda dificilmente seria atendida pela literatura tradicional de estratégia, muito voltada para os embates entre os defensores das abordagens *outside-in* — Michael Porter incluído — e *inside-out* — Jay Barney e os associados à Visão Baseada em Recursos (VBR ou, em inglês, RBV) (De Witt, 2005). Os gestores não queriam mais uma discussão puramente acadêmica, mas uma ferramenta aplicável e que lhes desse um norte na empresa. É neste contexto que os estudos sobre modelos de negócio passam a chamar a atenção tanto de gestores quanto pesquisadores.

Inicialmente, esses estudos se concentraram em entender a definição de um modelo de negócio. Conforme afirmado neste Prefácio, o termo não era novo na literatura gerencial, mas precisava ser melhor entendido à luz de todas as mudanças ocorridas no mercado ao longo das últimas décadas. Este foi o espaço ocupado por autores até hoje referenciados no tema como: Amit & Zott (2001), Chesbrough & Rosenbloom (2002), Magretta (2002) e Hedman & Kalling (2003). A partir de seus trabalhos pioneiros, chegamos a uma segunda fase, na qual o foco passou a ser as estruturas mais amplas pelas quais um modelo de negócio poderia ser identificado e compreendido. Em outras palavras, entramos no mundo dos frameworks.

Inicialmente, o embate entre as já mencionadas abordagens *outside-in* e *inside-out* da estratégia repetiu-se nos frameworks. Casadesus-Masanell & Ricart (2010) apresentaram sua proposta baseada em atividades e ligada à primeira abordagem, ao mesmo tempo em que Demil & Lecocq (2010) trabalhavam no RCOV, framework centrado na RBV e, portanto, na segunda abordagem. Felizmente, a literatura se desenvolveu para além desse embate, oferecendo hoje aos interessados em modelos de negócio uma pletora de frameworks baseados nas mais diferentes perspectivas (Porter, 1980).

Isso posto, o leitor poderia se perguntar: onde estamos hoje? Ainda há consideráveis discussões e controvérsias sobre a real utilidade do conceito de modelo de negócio (Bigelow & Barney, 2021). Também há inúmeros debates sobre a eficácia dos frameworks (Wirtz, 2020). Existe, ainda, um campo relativamente pouco explorado, que é a mensuração do desempenho das empresas via frameworks (Lopes)[1]. Os modelos de negócio são um tema atual, dinâmico e que oferece muitas oportunidades de estudo e aplicação.

---

[1] Eu e meus associados temos trabalhado sobre isso. Em breve, publicaremos nossos estudos.

Concluindo, é neste contexto vibrante que o prof. Fabian Salum nos apresenta seu framework VoC. Tenho certeza de que os leitores terão muitos insights frutíferos a partir da leitura atenta deste livro. Afinal, o VoC nasceu e se propõe a resolver problemas reais dos gestores. E, como já dito antes, isto não é pouca coisa.

Minas Gerais, primavera de 2021.

Humberto Elias Garcia Lopes
Professor Titular no Programa de
Pós-Graduação em Administração da PUC-MG

CARTA AO LEITOR

O convite para contribuir com o livro que deriva da tese de doutorado do professor Fabian Salum, foi um privilégio. É de muita riqueza fazer parte de algo que vi nascer, ganhar corpo e tornar-se capaz de transformar perspectivas.

Começamos o doutorado juntos no final de 2014, ambos sob a orientação do professor Humberto Lopes, que também era líder do grupo de pesquisa "Gestor" na PUC Minas. Era um grupo vibrante e extremamente colaborativo, com pesquisadores ávidos por desvendar um tema que ganhava cada vez mais relevância, tanto no mercado quanto na academia: modelos de negócios. Foram anos dedicados a debates de alto nível, pesquisas, novas descobertas, escrita e apresentação de artigos e, sobretudo, verificação prática da aplicabilidade de cada aprendizado.

Mesmo quando o Fabian foi fazer o doutorado sanduíche na Insead (França), mantivemos a colaboração no trabalho de pesquisa. Ele se sentia impelido a começar um trabalho que ampliasse a discussão e prática do tema. Foi assim que, em 2017, ele me convidou para ser cofundadora da Practical Community in Business Model, uma iniciativa do Centro de Referência em Estratégia da Fundação Dom Cabral. Uma comunidade que começou a reunir executivos e acadêmicos para explorar, construir e compartilhar conhecimento relevante aplicado a situações da vida real sobre Estratégia e Modelos de Negócio.

A criação dessa comunidade nos permitiu amadurecer e validar o framework que apresentamos neste livro como *The Value of Choices* — *VoC*. Os feedbacks vinham da experiência acumulada e compartilhada pelas organizações e dos debates e exercícios com os participantes. Eles serviam para amadurecer e dar robustez ao material que íamos cocriando. Como um pêndulo, teoria e prática se combinavam na medida certa para ampliar os horizontes e gerar resultados.

Este livro é fruto da vontade de conhecer a jornada de um modelo de negócio para além de suas escolhas. Uma jornada que não nasce de um modelo fechado e nem pretende chegar a um modelo infalível. Pelo contrário, é um caminho de ideias, validação e ajustes que se retroalimentam em um movimento contínuo de transformação.

Profª Karina Coleta

INTRODUÇÃO

Mudança é o desafio que toda liderança nas organizações enfrenta e enfrentará. Durante a construção desta obra, mudamos nosso rumo diversas vezes. Foi mais um desafio que nos propusemos a superar com o foco em um único propósito: compartilhar o conhecimento criado.

Fizemos isso pensando em nossos leitores, alunos, consultores, líderes e executivos empresariais que também fizeram parte dessa trajetória exploratória em debates e insights dentro das salas de aula. Os anos de pesquisa, estudos e testes práticos sobre a evolução do modelo de negócio e o nosso framework, produziram resultados que resolvemos compartilhar

Oferecer uma nova visão conceitual e política sobre modelos de negócio é o que nos incentivou a escrever este livro. O objetivo? Ajudar os líderes e gestores das organizações a refletirem sobre a influência dos impactos que as suas respectivas escolhas e consequências poderiam ter sobre o formato e dinamismo do modelo de negócios.

Ao longo desses anos de dedicação, sentimos a necessidade de instrumentalizar o raciocínio do modelo causal entre as escolhas e as consequências, além da nossa contribuição para o mundo acadêmico. O resultado? A criação de um framework que sofreu alterações, amadureceu e será revelado ao longo deste livro.

Alcançar o alinhamento com o ambiente externo é a principal motivação para a adaptação do modelo de negócio. Numerosas dimensões, áreas e componentes de um modelo de negócio podem ser afetadas simultaneamente com vários graus de liberdade. Embora a inovação seja um resultado muito provável da adaptação do modelo de negócio, não é necessariamente uma exigência ou uma expectativa declarada.

De fato, os modelos de negócios podem ser definidos como a configuração de atividades existentes que se inter-relacionam nos contextos interno e externo, apropriando-se de recursos de uma dada organização.

Entendemos que a evolução e a adaptação do modelo de negócios são afins às capacidades dinâmicas de resposta de uma organização, pois envolvem alterações no conjunto existente de capacidades operacionais e recursos que juntos constituem a base organizacional.

As alterações no modelo de negócios podem ter origem externa, quando surgem em decorrência da interação com diferentes atores — incluindo consumidores, fornecedores e organismos regulatórios/fiscalizadores. Mas podem também ser geradas internamente quando a organização repensa o seu posicionamento de mercado, redefine a lista de produtos e serviços e inicia uma nova oferta de valor em busca da melhoria do seu desempenho diante dos concorrentes. Ou ainda para melhorar sua eficiência, reduzir custos e aumentar o potencial valor apropriado pelo "caixa" das organizações.

O escopo da mudança frequentemente é limitado a poucas áreas da organização de maneira simultânea. Assim, a evolução efetiva do modelo de negócio exige gestores que tenham um entendimento profundo de como os modelos de negócios operam e quais mudanças seriam necessárias para manter ou melhorar a efetividade do modelo de negócio existente.

Os processos de mudança são orientados para ajustes incrementais e contínuos nas atividades e relações já existentes na organização, assim como melhorias nas atividades oferecidas para os clientes, reforçando os laços com fornecedores ou fazendo ajustes em rotinas operacionais para aumentar a eficiência.

Por esta razão, adaptação, evolução e/ou inovação dos modelos de negócios implica em saber ler as tendências do ambiente interno e externo simultaneamente — efetuar escolhas e administrar as consequências. E para isso é preciso ter coragem para decidir diante dos *trade-offs* que a liderança das organizações enfrenta cada vez mais!

E o que motiva a mudança num modelo de negócio ao longo do tempo?

Esta resposta você encontrará no decorrer da leitura deste livro. De maneira complementar, você poderá fazer uso de um autodiagnóstico disponibilizado em blocos ao final de cada capítulo.

Nosso objetivo é ajudar os gestores a adaptarem-se às mudanças apoiados num modelo que os auxiliem na maneira de pensar e de torná-los capazes de identificar e promover ações em prol das mudanças em seu ambiente de trabalho.

Boa leitura.

Convenções usadas neste livro

Esta obra foi estruturada em capítulos interdependentes que se complementam pelas conexões e abordagens dos conceitos acumulativos, referências acadêmicas, práticas e casos ilustrativos ao longo de todos os capítulos.

Sugerimos que a leitura seja de forma progressiva. Dessa forma, o leitor poderá acompanhar a trajetória de criação e desenvolvimento acadêmico com uma contextualização prática do que é a temática — Modelo de Negócio e a sua evolução conceitual nos últimos vinte anos.

No decorrer da obra, será possível desvendar os caminhos percorridos pelos autores e a metodologia aplicada para a construção do desenho conceitual do modelo proposto. Modelo esse que resultou na criação do framework *The Value of Choices* — *VoC*.

O VoC se propõe a ser uma ferramenta de autoavaliação para compreender a execução estratégica de uma organização. Em última instância, queremos prover o melhor entendimento de um construto resultante da **parametrização de componentes que se relacionam em ambientes internos e externos** da organização de maneira a gerar uma **interdependência que visa à criação de valor** como uma resultante objetiva.

Nossa expectativa é que o **framework VoC** possa facilitar e simplificar a compreensão de que qualquer modelo de negócio é feito de escolha, e a consequência delas é, em última instância, o valor — seja na perspectiva da organização e/ou na perspectiva de todos os stakeholders.

Para que você tenha a experiência amplificada, ofertamos um link para o seu preenchimento e autoavaliação proposta ao longo de cada capítulo deste livro. Ao final do preenchimento, você poderá analisar o gráfico radar que mostra sua posição em cada uma das subcategorias do framework VoC (The Value of Choices), acesse o link: https://forms.ced-fdc.com/44337_Modelo_VoC/questionario?t=Livro.

A proposta aqui é prover sua própria avaliação do Modelo de Negócios da sua organização à luz dos componentes e subcomponentes do framework citado acima. Este framework será conceitualmente detalhado ao longo dos capítulos desta obra e sob a ótica de escolhas e consequências que envolvem o corpo gerencial e seus respectivos modelos de negócios. A análise é dinâmica e sua autoavaliação está baseada em produções acadêmicas resultantes de pesquisas acadêmicas e experimentos de campo. O instrumento é inédito e foi desenvolvido em conjunto pela equipe de professores e pesquisadores da Fundação Dom Cabral (FDC), liderado pelo professor titular da FDC em Estratégia e Inovação, Prof. Dr. Fabian Salum.

TRAJETÓRIA DE DESCOBERTAS E DESENVOLVIMENTO:

The Value of Choices Framework (VoC) — O Valor das Escolhas

Em 2014 iniciamos os estudos sobre Modelos de Negócios. O primeiro framework criado foi desenhado e rascunhado num quadro branco de uma sala de aula. A inspiração surgiu após meses de leituras, pesquisas e estudos durante as sessões de debate e trocas de ideias. Alunos de doutorado, éramos estimulados pelo nosso orientador, Prof. Humberto Lopes, a identificar uma oportunidade de contribuição para a comunidade acadêmica.

Como todo objeto de estudo, pesquisa e análise, foram exigidas horas de trabalho e muita dedicação para se chegar a um consenso e a um resultado que pudesse enriquecer e contribuir para com o repertório acadêmico. Foram momentos difíceis — e até mesmo solitários — frente à nossa inquietude em traduzir conhecimento e experiências num modelo prático.

E foi assim que, ao longo de nossas longas e incansáveis discussões, surgiu o primeiro desenho conceitual do framework intitulado "The Value of Choices" (VoC). Ele tinha o propósito de estimular o pensamento e a reflexão de opções na modelagem de negócios que resultam em valores tangíveis e intangíveis — seja na perspectiva da empresa ou de seus stakeholders.

O VoC não se restringe a descrever a arquitetura do valor ofertado, mas permite ao analista manter em mente sua ligação com as dimensões do valor que dela derivam: valor criado, apropriado, generativo e distribuído. Desta forma, reconciliam-se diferentes perspectivas e zonas temporais, além de administrar os ajustes necessários para manter a dinamicidade do modelo.

O framework é uma moldura que favorece a construção da narrativa do modelo. Ele não é uma prescrição de como o modelo de negócio deve ser, mas um esquema para facilitar a visualização e análise da história que está por trás da criação de valor.

No início dos estudos e da criação do framework, tínhamos oito componentes que se dividiam em dois grupos. O primeiro grupo é o das escolhas, à esquerda (ver Figura 1). Seus quatro componentes se articulam para ofertar valor aos stakeholders. A gestão abrange as práticas, políticas e diretrizes estratégicas que garantem o funcionamento do modelo de negócio. Os focos de gestão mobilizam as escolhas quanto aos recursos e posicionamento de forma a colocar em marcha a oferta de valor.

Cada framework estabelece — seja em níveis amplos ou mais detalhados — os componentes considerados cruciais para um modelo de negócio, facilitando assim a aplicação do conceito para fins de descrição e análise. No entanto, a definição dos componentes pode diferir em terminologia, propósito e alcance.

O VoC entende que as subcategorias de recursos podem ser analisadas sob a ótica dos recursos físicos, financeiros e humanos. Estas envolvem também as competências e as atividades desenvolvidas para a construção da oferta de valor. Além disso, podem ser recursos próprios ou de terceiros. Por outro lado, o componente posicionamento reflete as opções das subcategorias quanto ao segmento de clientes atendido com a oferta de valor, incluindo os tipos de relacionamento estabelecidos com eles e os canais de acesso utilizados. Em seguida, a oferta de valor materializa as escolhas feitas com relação aos componentes anteriores — e, por isso, é o componente de ligação com as consequências do modelo. A oferta é representada pelos produtos, bens ou serviços que solucionam problemas ou atendem às necessidades dos clientes.

O segundo grupo de componentes — à direita da Figura 1 — determina o valor das escolhas feitas no primeiro ato. Portanto, o valor das escolhas é dado pelas consequências, que podem ser vistas em uma zona temporal presente, passada ou futura. Elas contemplam aspectos tangíveis e intangíveis do valor que podem ser examinados do ponto de vista de múltiplos agentes.

A criação de valor é um conceito que admite diversas interpretações. Diante disso, o VoC reconhece o valor criado pela empresa como uma expressão de suas vantagens competitivas — ou seja, em que medida as escolhas feitas se diferenciam ou superam seus competidores diretos e indiretos. O valor apropriado é um componente predominantemente econômico-financeiro que indica o quanto a firma capturou da transação no mercado — é o resultado da produção e comercialização da oferta de valor para a empresa e seus acionistas. Já o valor generativo, indica o potencial de geração de valor futuro a partir de inovações das quais a empresa ainda não se apropriou efetivamente. E, finalmente, o valor distribuído agrega à reflexão do modelo de negócios a parte que foi capturada pelos demais stakeholders, em termos tangíveis ou não.

Observa-se que o framework VoC tem um caráter mnemônico[1]. No lado direito da Figura 1 — destinado às consequências —, além de

---

[1] Técnica mnemônica é uma técnica com o objetivo de auxiliar a memória. Baseia-se em formas simples de memorizar construções maiores, baseadas no princípio de que a mente humana possui mais facilidade de reter dados quando estes são associados a informação pessoal, espacial ou de carácter relativamente importante da memória.

todos os campos começarem com a palavra "valor", pode-se também situar as zonas temporais. Por exemplo, três tipos de valor estão com o verbo no passado: "criado", "apropriado", "distribuído". Isto também pode servir para uma análise presente. Já o valor generativo implica necessariamente um olhar para o futuro. Por isso, não se denomina "valor gerado" (que se confundiria com o criado), mas generativo.

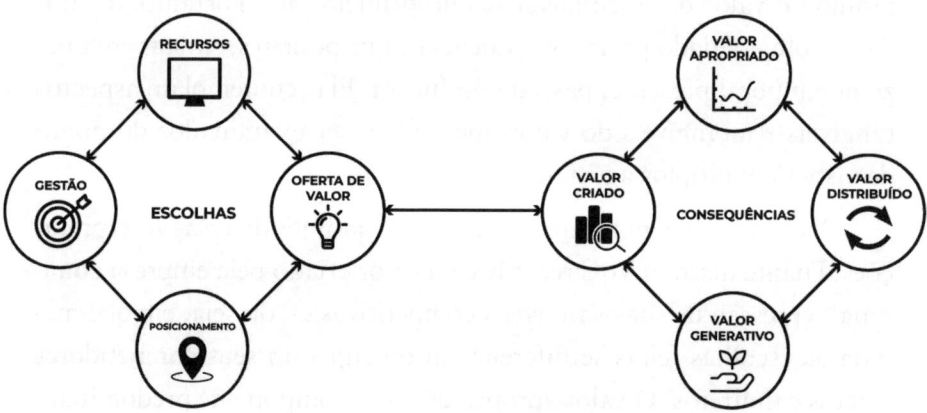

Figura 1: Framework VoC – primeira versão
Fonte: Elaborado pelos autores

Além disso, é importante notar que três das consequências de valor se referem a resultados: **o valor criado à vantagem competitiva, o valor apropriado ao econômico-financeiro, e o valor distribuído aos benefícios tangíveis e intangíveis.** Contudo, o valor generativo não é um resultado, mas uma capacidade — implica um potencial de valor.

Finalmente, em termos de público ou ponto de vista, o valor criado se refere à empresa e seus concorrentes; o valor apropriado à empresa e seus acionistas; o valor distribuído aos demais stakeholders e; o generativo pode se referir a todos os públicos — ou seja, à empresa e seus stakeholders.

O fluxo de leitura do VoC vai da esquerda para a direita. Entretanto, pode-se começar ou focar a análise em qualquer ponto, desde que não se perca de vista a recursividade indicada pelas setas duplas que perpassam todo o modelo. Este framework permite a visualização do modelo de negócio como uma engrenagem. É como se a roda dentada e a corrente de uma bicicleta fossem uma metáfora do fluxo dinâmico e interdependente de um modelo de negócio.

Dessa forma, as dimensões do valor derivam das escolhas pelos líderes das organizações e voltam ao sistema, alimentando-o de insights sobre os resultados e o que deve ser ajustado da próxima vez — e assim sucessivamente. Portanto, ao usar o framework, é importante não somente elencar os elementos que farão parte de cada componente, mas estabelecer relações entre eles, pensando no VoC como um sistema no qual existe articulação e interdependência. A interação contínua destes elementos reflete o modelo de negócio com o qual a empresa escolhe competir e cooperar no seu ambiente de atuação.

Com a evolução das pesquisas e a interpretação dos feedbacks de alunos, professores, clientes e amigos, o framework VoC evoluiu em sua ilustração, a fim de se tornar cada vez mais um instrumento amigável e prático para os usuários. A facilidade visual e de leitura dos componentes reunidos numa única imagem facilitou o entendimento e a relação entre os elementos. Por outro lado, o conteúdo descritivo e conceitual das categorias e subcategorias se mantiveram intactos.

Podemos afirmar que, ao longo de oito anos, a evolução se deu em termos ilustrativos e de usabilidade. Os conceitos das categorias e subcategorias não sofreram mudanças radicais. Foram realizadas melhorias incrementais nas descrições e exemplificações, tornando-o mais acessível a todas as indústrias e setores da economia.

A nova configuração do VoC nos impulsionou e motivou a testar o framework numa segunda onda, como parâmetro de evolução. O resultado foi a confirmação da facilidade de interpretação e aplicabilidade do modelo.

Atualmente, o framework VoC é apresentado em uma nova configuração visual. Usamos uma visualização gráfica chamada Mandala.

Nosso objetivo, ao longo dos anos, foi promover um amadurecimento do framework para fins acadêmicos e práticos. Testamos o VoC em congressos acadêmicos e, de acordo com os feedbacks recebidos, publicamos os resultados em revistas indexadas do mundo acadêmico internacional a fim de legitimar nossos estudos. Em paralelo, o testamos em salas de aula ao longo de 3 anos com a participação direta de mais de 550 alunos que nos brindaram com comentários e respostas ao nosso instrumento de coleta de dados.

Concluímos uma jornada de testes e validações que nos estimularam a escrever este livro e compartilhar nossos achados e conhecimento desenvolvidos. A seguir, detalharemos o VoC usando a ilustração figurativa da mandala a fim de compartilharmos a última versão que utilizamos atualmente.

Evolução do Framework VoC: o Uso da Mandala

A mandala é a evolução do framework que será abordada ao longo do livro como esquema de análise das escolhas e consequências de um modelo de negócio. A escolha da figura — mandala — como formato funcional tem a ver com a ideia de dinamismo e unidade entre as categorias e subcategorias.

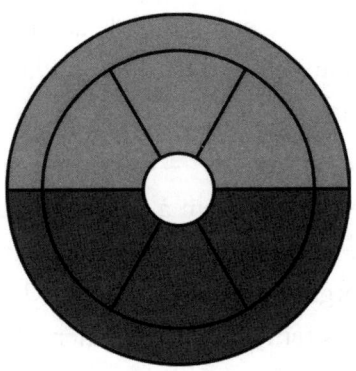

Figura 2: Mandala – Framework VoC
Fonte: Elaborado pelos autores

De acordo com David Sibbet (2013) — um dos pioneiros no campo do pensamento visual e facilitação gráfica —, os formatos básicos para a visualização de ideias progridem desde o ponto ao círculo. Observe na Figura 3 os tipos de ilustrações usados segundo Sibbet (2013). Faça a leitura da esquerda para a direita na figura a seguir.

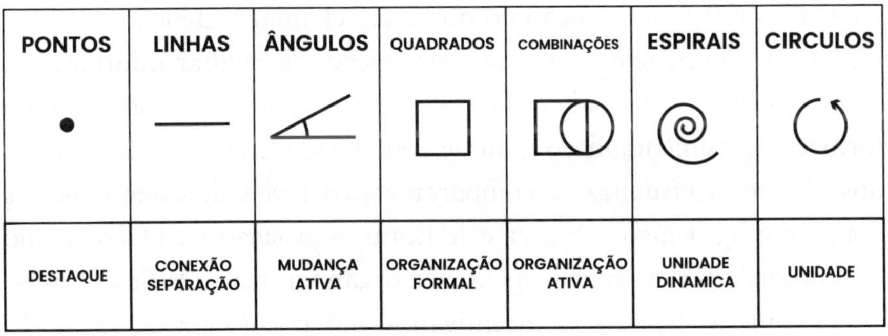

PONTOS	LINHAS	ÂNGULOS	QUADRADOS	COMBINAÇÕES	ESPIRAIS	CIRCULOS
•	—	∠	□	⌯	@	↻
DESTAQUE	CONEXÃO SEPARAÇÃO	MUDANÇA ATIVA	ORGANIZAÇÃO FORMAL	ORGANIZAÇÃO ATIVA	UNIDADE DINAMICA	UNIDADE

Figura 3: Sibbet (2013), p. 33
Fonte: Adaptado pelos autores

A primeira ilustração que se refere ao "ponto" é um destaque — ele serve para chamar a atenção para algo. A "linha" é um elemento de relação — ela conecta ou separa — e a espessura de seu traço pode indicar relacionamentos fortes ou frágeis. O "ângulo", por sua vez, é uma mudança de direção na continuidade de uma linha. Portanto, ainda segundo Sibbet, o ângulo indica uma mudança ativa, uma reação ou uma transformação.

Os "quadrados e retângulos" — embora também apresentem ângulos de mudança — nos remetem à organização. Não é à toa que os vemos como base de "enquadramentos", mapas, tabelas, diagramas e outros elementos organizadores. Por outro lado, ao combinarmos triângulos e quadrados temos setas que, além de indicar senso de organização, implicam direção, ação e assertividade. Finalmente, temos os formatos "circulares". As espirais mostram dinamismo e movimento, e os círculos têm um efeito integrador que aponta unidade da informação.

A partir das possibilidades destas formas básicas, Sibbet criou um "teclado de gráficos" das diversas possibilidades de representação de acordo com a necessidade de comunicação e o nível de complexidade do conteúdo. A seguir, veja a ilustração de Sibbet na Figura 4.

Observando a Figura 4, tem-se como a "primeira tecla" os pôsteres. Eles refletem a função do ponto em chamar a atenção e indicar o foco. A seguir, temos as listas para elencar e alinhar informações. Depois os blocos que, além do destaque, nos permitem comparar informações. Aumentando o grau de complexidade estão as grades que nos ajudam a visualizar e comparar vários níveis de categorias. Os diagramas vêm logo a seguir e indicam associação de blocos como costumamos ver em mapas mentais e organogramas. Os desenhos — assim como as espirais — incentivam o movimento e a interação. E, finalmente, a mandala — como nível mais complexo — facilita a visualização e comunicação de algo que se organiza em torno de um ponto central.

TRAJETÓRIA DE DESCOBERTAS E DESENVOLVIMENTO | 21

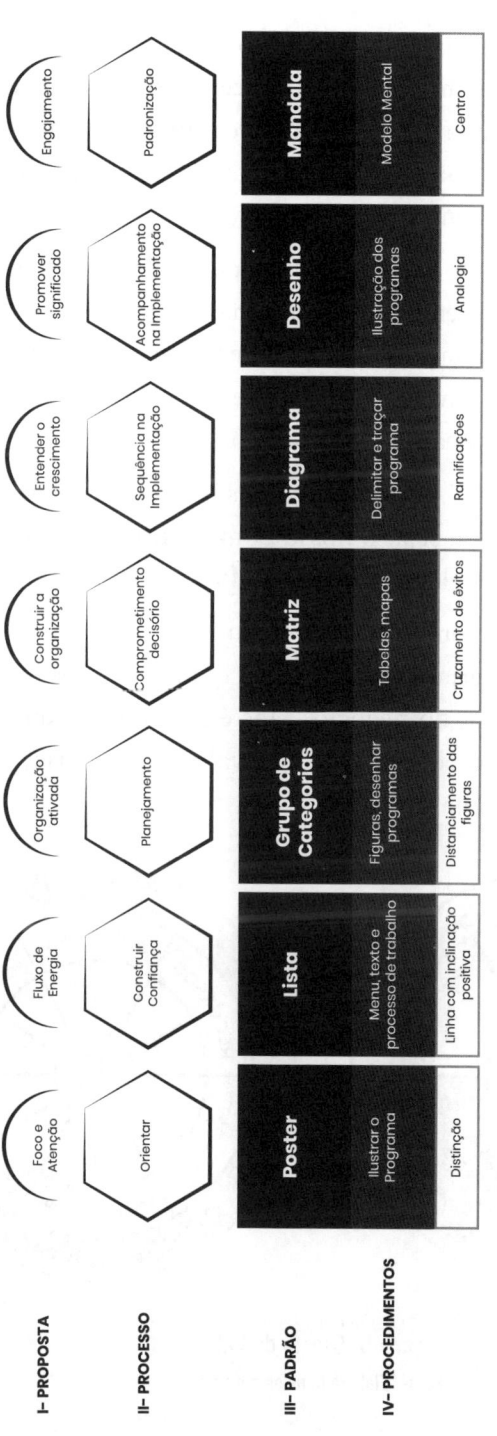

Figura 4: Teclado de Gráficos, SIBBET, David
Fonte: Adaptado pelos autores

No nosso caso, a mandala usada no **"Valor das Escolhas"** — ou simplesmente **VoC** — reúne diferentes conceitos em um único modelo. E ela não apenas agrupa os elementos e compõe uma unidade, mas nos ajuda a manter em mente que eles estão relacionados de maneira dinâmica e interdependente.

Estamos falando de modelos de negócio, mas não somente dos componentes que representam suas escolhas. Queremos reconhecer e analisar as inúmeras relações que os componentes têm entre si e as consequências geradas em torno do conceito de valor. O conceito de valor será abordado em capítulo específico.

Para nós, a "ponte" entre as escolhas e as consequências de um modelo de negócio — ou seja, o nosso ponto central ao redor do qual se organizam os outros elementos — é a **oferta de valor**.

A **oferta de valor**, como você verá com mais detalhes ao longo do livro, direciona e materializa as escolhas quanto aos recursos, atividades e posicionamento do negócio. Mas é ela também que constitui o fundamento das consequências — do valor que se cria, captura e distribui — mostrados na Figura 5.

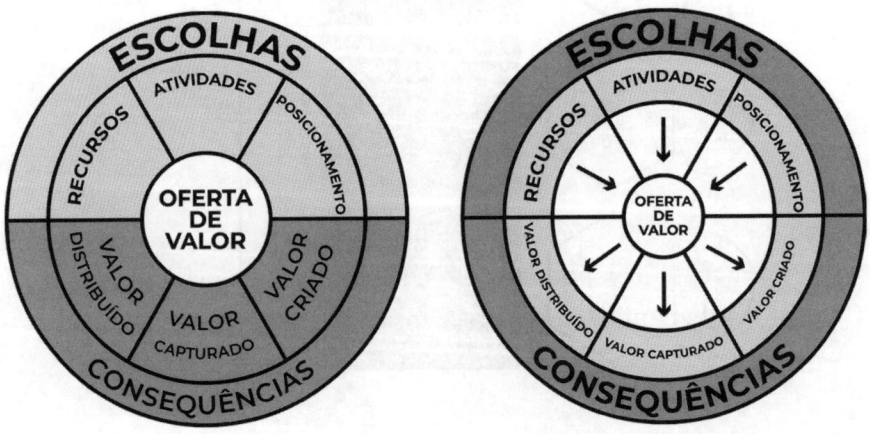

Figura 5: Oferta de Valor
Fonte: Elaborado pelos autores

Quando o modelo de negócio "gira", as relações entre os componentes ficam ainda mais evidentes, sendo possível analisar o impacto de uma na outra. Podemos entender as origens de determinadas consequências e, assim, revisitar as escolhas.

A unidade e interdependência das partes nos mostra que cada movimento em um componente influencia os demais, e a análise das relações pode ser combinada conforme o interesse do líder gestor da organização. Na Figura 6 percebe-se as possibilidades e combinações para análise desses possíveis movimentos.

Figura 6: Possibilidades de Combinações para análise
Fonte: Elaborado pelos autores

Analisar a realidade que nos cerca é uma tarefa complexa. Por isso, geralmente temos que nos valer de uma ferramenta como, por exemplo, um modelo. No entanto, guarde uma coisa: um modelo é sempre uma simplificação da realidade; ele ajuda a enxergar os elementos cruciais, mas pode não cobrir tudo o que você precisa saber. Contudo, se bem utilizado, oferece insights preciosos para organizar e reorganizar pensamentos e ações.

MODELOS DE NEGÓCIO:
Evolução e Abordagens Conceituais

2

Para trabalhar com o conceito de modelos de negócios, uma das primeiras decisões que você precisa tomar é definir qual é o modelo ideal para a sua empresa. Por isso, vamos indicar os principais modelos de negócios e como refletir sobre a sua melhor escolha.

Afinal, o que é modelo de negócio?

O conceito prático de modelo de negócio envolve transcrever as ideias sobre a funcionalidade dinâmica de uma empresa, de uma unidade de negócios ou ainda de um departamento. Para tanto, sugere-se colocar sobre um papel que sirva de apoio ou usar uma ferramenta adequada para suporte. Assim, as informações poderão ser testadas sobre como o seu negócio poderá criar valor junto aos clientes.

Quais são os principais tipos de modelos de negócio existentes?

A seguir, selecionamos e apresentamos os principais tipos de modelos de negócios existentes para que você possa refletir e compreender seus formatos.

Franquia

Este modelo de negócios teve sua representatividade em alta nos últimos anos. Esse fato é resultante das ações de crescimento, este sendo promovido pelas estratégias de expansão desenvolvidas pelas franqueadoras (empresas criadoras e controladoras do modelo de negócios). Cada vez mais o modelo de franquias ganha investimentos para potencializar o setor de atuação das organizações.

A franquia funciona da seguinte forma: o empreendedor franqueado do modelo de negócios administra a sua unidade a partir das diretrizes vindas da franqueadora. Dessa forma, o franqueado tem o direito de uso da marca e as ações de marketing delimitadas para os canais de relacionamento e comercialização definidos pela franqueadora.

É um modelo de negócio utilizado principalmente por pessoas que estão iniciando suas atividades como empreendedoras.

Negócios de impacto socioambientais

Como professores de uma Escola de Negócios, há quatro anos demos início a um projeto que visa conhecer mais sobre os modelos de negócios socioambientais e sua evolução no tempo. Criamos o Selo iImpact que está em pleno alinhamento com os nossos propósitos acadêmicos e educacionais pela busca da diversidade e pluralidade para múltiplos stakeholders.

O impacto positivo está estreitamente ligado aos critérios ESG (*Environmental, Social, Governance*), que materializam compromissos e ações efetivas de criação de valor para além das fronteiras das organizações. Relacionam-se também com tendências crescentes de parceria e colaboração, uma vez que os problemas socioambientais constituem grandes desafios que não serão superados com iniciativas pontuais, isoladas ou desarticuladas. Empreendimentos de todos os portes são necessários para o alcance desses objetivos — desde startups até grandes organizações.

Tal aproximação e cooperação não envolve apenas organizações, mas também nações. Diante das crises, instabilidades e incertezas que se tornaram recorrentes e frenéticas globalmente, abre-se espaço para o chamado *Near-shore* — movimento que busca criar parcerias entre países próximos geograficamente. A meta é reduzir os riscos da cadeia de fornecimento, mas sem aumentar muito os custos com a mão de obra.

Este modelo vem se desenvolvendo com muita expressividade, principalmente no pós-pandemia de COVID-19. Fazem parte desse tipo de modelo de negócio as organizações que têm como princípio a governança corporativa, o cuidado com as dimensões sociais e de entorno, além do cuidado com o meio ambiente e a sustentabilidade. Isso promove um maior valor para a marca da empresa.

Cada vez mais há pessoas com o intuito de adquirir produtos que tenham como princípio ou fundamentos a vertente socioambiental. Neste tipo de modelo de negócio, as empresas que se dedicam ao socioambiental buscam gerar impacto positivo na sua imagem e reputação.

B2B

O conceito de comercialização e negociação entre empresas e sem a presença do consumidor final é designado pela sigla ou abreviatura B2B (em inglês, *Business to Business*). Em outras palavras, neste modelo a organização visa comercializar produtos diretamente para outros estabelecimentos comerciais que, na maioria das vezes, são caracterizados como canais de distribuição ou de relacionamento com o consumidor final.

Assim sendo, este modelo não se volta para o consumidor final. A empresa fornece matéria prima ou insumos (como também produtos acabados) para outras empresas realizarem as etapas finais de comercialização. Mão de obra especializada na venda de máquinas, veículos, motocicletas e equipamentos profissionais — como peças para fabricação de outros produtos — são alguns dos exemplos que se enquadram nesse conceito.

Neste caso, normalmente a fabricação ocorre em grande quantidade. As vendas são realizadas com o apoio do canal de relacionamento e do setor de atuação a partir de uma equipe técnica capacitada e com diferenciais competitivos para a modelagem B2B.

Serviços de Assinatura

É comprovadamente um dos modelos de negócios que cresce de maneira exponencial. Isso se deve à proposição de valor. As organizações que optam por este tipo de canal de relacionamento oferecem um sistema dinâmico e inovador para atrair e fidelizar os consumidores. O serviço de assinatura oferta diferentes formas e valores para o pagamento de taxas que podem ser eleitas de acordo com o perfil do consumidor e o interesse de usufruir os serviços oferecidos pela empresa.

Os planos de assinatura podem ser pagos em diferentes periodicidades: semanal, mensal, semestral e até anual. A seguir alguns exemplos deste modelo:

- **Serviço de salão de beleza**, de frequência mensal com serviços ilimitados, como o Belle.Club;
- **Serviços de conexão de dados e telefonia** internacionais, como os oferecidos pelas operadoras no exterior;
- **Hortifrútis orgânicos** em formato de cestas semanais ou quinzenais, como o Raizs;

- **Rótulos de vinhos** a cada quinze dias uma *wine box* que mais combina com o seu perfil, como é o modelo do Clube Wine;
- **Serviços de streaming**, como a Netflix, a Disney Plus e a Amazon Prime Vídeo.

Freemium

Este é um modelo de assinatura em que o cliente pode optar por utilizar recursos gratuitos ou pagos oferecidos pelas empresas. A estratégia desse modelo é atrair consumidores para uso ou consumo gratuito. Após a experiência de consumo, o modelo oferta serviços ou produtos pagos e com uma entrega de valor mais completa. Esse modelo vem do conceito da década de 1940, chamado isca e anzol. Tinha como propósito incentivar o cliente a adquirir os produtos premium com a oferta inicial gratuita. Como exemplo, podemos citar os aparelhos de barbear que eram distribuídos gratuitamente com o primeiro refil de lâminas. Após a experiência do uso, o consumidor era induzido a adquirir as lâminas de reposição da marca do aparelho de barbear.

Atualmente, este modelo de negócio vem sendo muito utilizado por escolas voltadas para o EaD (Ensino a Distância). Além disso, serviços de bancos de imagens também se incluem nessa categoria. Para escolher o modelo de negócio adequado à sua empresa, é preciso que você considere os objetivos estratégicos e comerciais definidos por sua liderança.

Portanto, os modelos de negócio direcionam e apoiam a realização dos planos estratégicos e comerciais de uma empresa, bem como as formas de comercializar os produtos e serviços a fim promover receitas recorrentes.

A Essência do Modelo de Negócio

Modelo de Negócio é a lógica operacional ou de funcionamento de uma organização. É por meio dele que a organização mobiliza de maneira dinâmica suas capacidades e recursos internos e externos para se posicionar — de maneira competitiva — na oferta de produtos ou serviços aos seus públicos-alvo. Assim, a modelagem dos negócios expressa a compreensão de como a organização é capaz de criar, distribuir e capturar valor.

A origem do termo "modelo de negócio" é imprecisa. Alguns a situam no final dos anos de 1950, referindo-se a uma representação ou simulação da realidade em jogos corporativos (Bellman *et al.* & Ricciardi, 1957).

Entretanto, embora o conceito possa existir há mais de seis décadas, foi no final dos anos de 1990 — com o início da internet — que ele começou a ganhar atenção. Aquela foi uma época marcada por novas questões sobre como as empresas poderiam criar valor no ambiente virtual. Empreendedores em busca de financiamento tinham que demonstrar a legitimidade de sua ideia de negócio antes mesmo de sua operação. Nesse contexto é que a noção de modelo de negócio começou a ser utilizada como meio de apresentar a lógica de criação de valor de uma empresa.

O surgimento, disseminação e fortalecimento do termo no *e-business* tem algo a dizer sobre sua definição e distinção de outros termos. Tornou-se tecnicamente possível conceber e compreender novas teorias sobre como uma organização deve funcionar (Magretta, 2002). A noção de modelos de negócio surgiu porque — em alguma medida — os conceitos tradicionais da estratégia não foram considerados suficientes para lidar com os formatos adotados pelas empresas em face das novas tecnologias da informação e comunicação (Demil & Lecocq, 2010). Logo, o modelo de negócio emergiu como um conceito intermediário capaz de operacionalizar a estratégia e direcionar seu foco para a geração de receita.

Enquanto a estratégia indica o "vir a ser" das empresas em um horizonte mais amplo, o modelo de negócio retrata o que elas são. A estratégia determina a escolha do modelo de negócio com o qual a empresa vai competir no mercado. Já o modelo de negócio é o reflexo da estratégia realizada (Casadesus & Ricart, 2009).

Na esteira das transformações trazidas pelas tecnologias digitais, as empresas também tiveram que recorrer ao uso do modelo de negócio para compreender e adaptar sua maneira de criar valor diante de temas como: disrupção, inovação aberta, economia compartilhada e impacto socioambiental. Um modelo de negócios é uma história de como uma organização funciona. Por trás de toda organização bem-sucedida está um modelo de negócios relativamente simples que qualquer um pode compreender.

Um modelo de negócio exitoso é a representação das melhores escolhas ou alternativas existentes em um determinando momento. Pode ser melhor para atender às expectativas de um grupo de clientes ou pode substituir completamente a maneira como se produz a oferta dos produtos ou serviços. Criar um novo modelo de negócio não é tão diferente do que escrever uma nova história. De alguma forma, todas as novas histórias são variações de histórias antigas, retrabalhos de formatos e de processos que buscam atender à expectativa humana (Magretta, 2002).

Considerando que o modelo de negócio descreve — dentre outros elementos — as atividades que uma empresa executa para fazer e manter a sua oferta no mercado, os esforços de mudança e inovação do modelo envolvem o conteúdo, a estrutura e a governança destas atividades. Dessa forma, o modelo de negócio pode combinar novas maneiras de desempenhar um conjunto de atividades, além de novas formas de conectá-las e geri-las. Mas essas mudanças têm como ponto de partida o potencial de criação de valor para os stakeholders e para a empresa.

No exemplo da Apple, Amit e Zott (2012) ilustram a mudança no foco de seu modelo de negócio conhecido historicamente pela oferta de hardwares e softwares inovadores. Com a criação do iPod e o serviço de downloads iTunes, a Apple foi a primeira empresa de computadores a incluir a atividade de distribuição de música. Com isso, ela saiu na frente ao inovar não apenas a oferta de valor, mas a atividade de seu modelo de negócio para incluir o relacionamento contínuo com seus consumidores. A Figura 7 ilustra o desempenho da empresa Apple antes e depois da mudança do modelo de negócios.

DESEMPENHO DA APPLE ANTES E DEPOIS DAS MUDANÇAS NO MODELO DE NEGÓCIOS

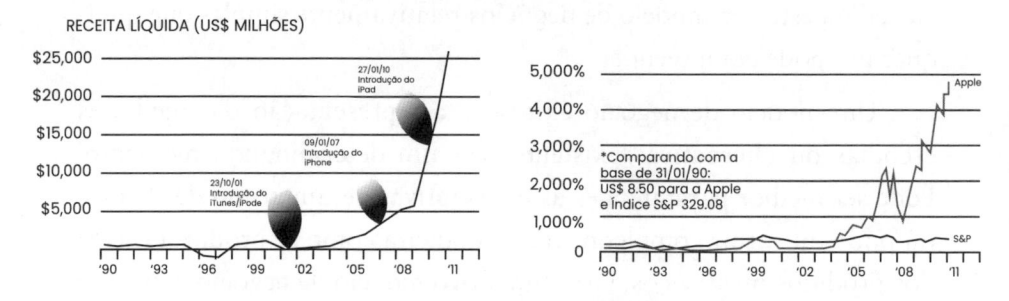

Figura 7: Desempenho do modelo de negócios Apple (Amit e Zott, 2012)
Fonte: Adaptada pelos Autores

Ao longo do tempo, os estudos e a prática dos modelos de negócio envolveram diferentes áreas do conhecimento, como a teoria organizacional, gestão estratégica, inovação e tecnologia da informação. Mesmo assim, sua análise geralmente recorre ao emprego de narrativas e modelos. Ambos exploram o caráter instrumental do conceito como ferramenta de apoio à representação da lógica de criação de valor.

A narrativa concebe o modelo de negócio tal qual uma história que conta como a empresa cria valor para o cliente e para si. O modelo

— ou framework — é uma moldura estática que favorece a construção desta narrativa. Ele não é uma prescrição de como o modelo de negócio deve ser, mas um esquema para facilitar a visualização e análise da história que está por trás da criação de valor. Cada framework estabelece — seja em níveis amplos ou mais detalhados — os componentes considerados cruciais para um modelo de negócio, facilitando assim a aplicação do conceito para fins de descrição e análise. Porém, entre os autores, a definição dos componentes pode diferir em terminologia, propósito e alcance.

Um dos frameworks mais conhecidos é o *Business Model Canvas* (BMC) dos professores Osterwalder e Pigneur (2020). Possui nove componentes (campos) e foi consagrado como uma ferramenta para descrever e testar a lógica de funcionamento de um modelo de negócio (ver Figura 8). No entanto, ao longo do desenvolvimento da literatura sobre o assunto, vários outros frameworks foram propostos. Cada um com suas particularidades em termos de uso, formato e forma de aplicar.

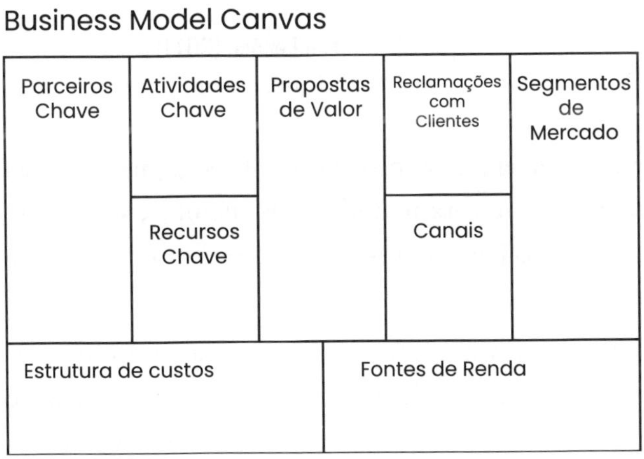

Business Model Canvas

Parceiros Chave	Atividades Chave	Propostas de Valor	Reclamações com Clientes	Segmentos de Mercado
	Recursos Chave		Canais	
Estrutura de custos			Fontes de Renda	

Figura 8: Osterwalder e Pigneur, (2020)
Fonte: Adaptado pelos autores

A quantidade e a amplitude dos componentes se diferenciam em cada framework. Por exemplo, enquanto o BMC desdobra o modelo de negócio em nove componentes, os colegas professores Demil e Lecocq (2010) propuseram um framework chamado RCOV com apenas três componentes (Figura 9):

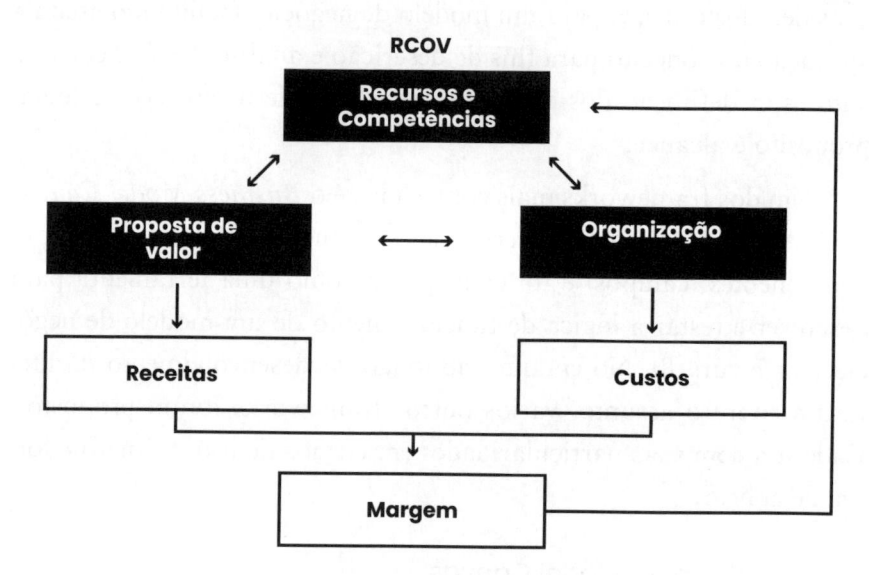

RCOV

Recursos e Competências → Organização → Custos
Proposta de valor → Receitas
→ Margem

Figura 9: Demil e Lecocq (2011)
Fonte: Adaptado pelos autores

Em outra vertente, os professores Casadesus-Masanell de Harvard e Ricart do IESE foram ainda mais sucintos, sugerindo dois campos amplos — escolhas e consequências — embora os desdobrem em cinco tipos (Figura 10).

Cada um dos frameworks citados acima determina os chamados "componentes essenciais" de um modelo de negócio. Mas o ponto de partida é basicamente o mesmo: um modelo de negócio é a descrição de como uma empresa se organiza para criar valor. Isto destaca o aspecto instrumental do modelo de negócio como ferramenta, representação cognitiva e esquema mental para análise e ajuste do modelo de negócio "real" de uma empresa.

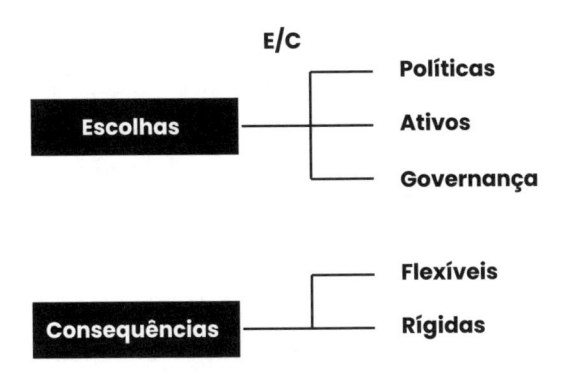

```
                    E/C
                          ──── Políticas
    ┌──────────┐      ┌
    │ Escolhas │──────┼──── Ativos
    └──────────┘      │
                          ──── Governança


                          ──── Flexíveis
  ┌───────────────┐   ┌
  │ Consequências │───┴──── Rígidas
  └───────────────┘
```

Figura 10: Casadesus-Masanell e Ricart (2009)
Fonte: Adaptado pelos autores

Ter mais ou menos componentes no framework depende do objetivo da análise que se pretende fazer. Ao sugerir menos componentes — como no caso do RCOV —, os autores não predeterminam tudo o que a empresa deve analisar, dando liberdade para que "ela" inclua — em cada campo — os elementos que achar mais convenientes. Por outro lado, o BMC propõe uma visão mais detalhada, com um número maior de campos a serem preenchidos. Portanto, as possibilidades de aplicação dos frameworks oferecem uma perspectiva *zoom in* e *zoom out* ao retratar o modelo de negócio de uma determinada empresa como foco de análise.

Os frameworks podem ser abordados de duas maneiras: estática e dinâmica. Na primeira, eles são utilizados para simples descrição da configuração do modelo de negócio, o que significa obter um retrato do modelo de negócio — seja o vigente ou o esperado. Mas a simplicidade deste uso não significa irrelevância ou trivialidade, já que a descrição derivada dessa abordagem é uma ferramenta para explicitar, analisar a coerência ou comunicar o modelo de negócio, ou o portfólio de modelos de negócio de uma empresa.

A abordagem dinâmica, por outro lado, leva em consideração as alterações no modelo de negócio ao longo do tempo. Assim, o foco recai não apenas sobre os componentes que descrevem o modelo, mas na sua evolução. Ao se aplicar um framework de maneira dinâmica, o objetivo não é obter um retrato do modelo. É captar seu movimento diante das mudanças que certamente ocorrerão intra e entre componentes de acordo com as transformações do ambiente interno e externo da empresa — transformações e mudanças que têm impacto na criação de valor.

Em 2011, Alberts (2011) comparou dez frameworks. Ele também os chama de "metamodelos" — os modelos dos modelos de negócio. Segundo o autor, "um *meta-business model* é um método de criação de um modelo de negócio ou um método de modelagem de negócio." O metamodelo é um modelo que ajuda a criar um modelo.

Cada um dos frameworks — ou metamodelos — determina os chamados "componentes essenciais" de um modelo de negócio. Contudo, o ponto de partida é basicamente o mesmo: um modelo de negócio é a descrição de como uma empresa se organiza para criar valor. Isto destaca o aspecto instrumental do modelo de negócio como ferramenta, como representação cognitiva, como esquema mental para análise e ajuste do modelo de negócio "real" de uma empresa.

Destaca-se aqui que os frameworks são diferentes em termos de:

- número de componentes;
- semântica dos componentes;
- relações entre os componentes;
- nível de agregação; e
- propósito da análise (função de cada framework).

Veja na Figura 11 um quadro com a lista de autores de frameworks e seus respectivos títulos.

#	Autores	Nome
1	Zott e Amit (2010)	Activity System
2	Gordijn e Akkermans (2001)	e- 3 Value
3	Demil e Lecocq (2010)	RCOV
4	Hedman e Kalling (2003)	BM Concept
5	Morris et al. (2005)	Entrepreneur's BM
6	Yunus et al. (2010)	Social BM
7	Kim e Mauborgne (2000)	BM Guide
8	Wirtz et al. (2010)	4C Internet Typology
9	Lumpking e Dess (2004)	Internet BM
10	Lumpking e Dess (2004)	BM Odontology

Figura 11: Quadro Lista de Autores de Frameworks
Fonte: Alberts (2011, p.158)

Obs.: *Quanto ao framework nº 10 da Figura 11 do autor e Prof. Osterwalder, Alberts se refere à tese de 2004 defendida por Osterwalder precursora do Business Model Canvas, revisto no ano de 2005, e que virou livro em 2010 em conjunto com o Prof. Yves Pigneur.*

CONCEITO DE VALOR

3

O que é Valor

No atual contexto organizacional, as empresas discorrem sobre um termo fundamental para o sucesso de uma organização: a geração de valor. Muito tem se falado em Valor, Criação de Valor, Geração de Valor e Distribuição de Valor. Cada vez mais pretendido pelas instituições e pelo CEOs das organizações, a ideia de valor constitui um papel central na viabilidade de projetos e negócios — e nas escolhas sociais.

Então, o que é valor? Valor é o conceito central no que tange a ideia da criação de valor. Por isso, é importante começar por ele, especialmente porque tanto valor quanto criação de valor são conceitos com múltiplas faces. Uma vez esclarecida a compreensão de valor, podemos — a partir dela — delimitar as ações de ofertar, criar, capturar e distribuir valor a fim de explicar o papel dos modelos de negócio.

Na comunidade acadêmica, o conceito de valor promoveu debates que não são originários de períodos recentes. Pitelis (2009) afirma que eles remontam a épocas longínquas da história, fato comprovado pelos trabalhos propostos por filósofos gregos como Platão, Aristóteles e Xenofonte.

Ainda segundo Pitelis (2009), esse debate foi renovado por pesquisadores e economistas clássicos, como Adam Smith, David Ricardo e Karl Marx. Pois bem, a proposta de definição de valor apresentada por Pitelis (2009) é fundamentada na ótica do usuário de um produto ou serviço. Assim, o autor propõe que o valor seja considerado como valor percebido, já que pode ser derivado de aspectos como raridade, apelo estético e uma percepção satisfatória do preço versus aquilo que se oferece — ou, ainda, uma combinação destes aspectos. O valor percebido aplica-se a todas as aquisições, não apenas àquelas realizadas pelo cliente final (Bowman & Ambrosini, 2000).

Para Bowman e Ambrosini (2000), o esclarecimento do termo valor pode ser alcançado se empregadas e compreendidas as seguintes distinções: (a) valor de uso e (b) valor de troca. A primeira refere-se às qualidades específicas dos produtos. Estas são percebidas pelos indivíduos em relação às suas respectivas necessidades — por exemplo, a capacidade de acelerar e o estilo (design) de um carro são aspectos de julgamento dos clientes, ou, ainda, a textura e o sabor de uma refeição. Em outras palavras, o julgamento sobre o valor do uso é algo subjetivo, que pertence aos clientes, consumidores individuais por meio da sua própria percepção.

Já o entendimento de valor de uso no contexto organizacional é proposto por Lepak e Smith (2007). Os autores o apontam como sendo a qualidade específica de um novo trabalho, uma tarefa, um produto ou um serviço, que pode ser percebida quanto à conformidade no ponto de vista dos usuários ou equipes de trabalho em relação às suas respectivas necessidades.

A segunda abordagem de valor — quanto ao termo valor de troca —, proposta por Bowman e Ambrosini (2000), refere-se ao preço ou à quantidade monetária que se entrega quando ocorre a troca de um bem; ou seja, o produto é vendido em um momento qualquer no tempo pelo produtor para um comprador.

Por sua vez, no contexto organizacional, Lepak e Smith (2007) dão uma definição incremental para valor de troca. Eles o definem como sendo o valor monetário realizado em um determinado momento quando ocorre o intercâmbio de uma nova tarefa, bem, serviço ou produto; ou, ainda, o valor pago pelo usuário ao vendedor pelo valor de uso da tarefa, do trabalho, do produto ou serviço.

Assim, por inferência, entende-se que a capacidade de criar valor depende da quantidade relativa de valor que é subjetivamente criada pela percepção de um indivíduo ou um grupo de profissionais de uma organização. Isso posto, o foco da criação de valor — seja para um indivíduo ou para uma organização — é a comprovação de um valor subjetivo, a qual traduz-se pela disposição do usuário de trocar um valor monetário por um valor recebido (Lepak & Smith, 2007).

O tema Criação de Valor será explorado em profundidade na próxima seção.

Criação de Valor

Apesar de o termo **criação de valor** ser frequente na Administração, sua utilização é multifacetada e, por isso, nem sempre pode ser dado como garantido o entendimento entre emissor e receptor (Bowman & Ambrosini, 2003; Lepak, Smith & Taylor, 2007; Magretta, 2002). A literatura emprega, alternadamente, a criação de valor como capacidade, ato ou ainda, resultado distribuído associado aos atores empresa e seus diferentes stakeholders.

Lepak, Smith e Taylor (2007) afirmam que o debate acerca do conceito de criação de valor não é uma atividade que obtém resultados bem compreendidos, mesmo sendo este um dos conceitos centrais em debate na literatura de gestão e organizações. Em contrapartida, Lepak *et al.* (2007) contribuem para o respectivo *gap* desse entendimento, sugerindo uma explicação para criação de valor. Este seria uma variável que depende da quantidade relativa de valor que é subjetivamente percebida pelo usuário-alvo (indivíduo) ou comprador de uma organização — sendo este o foco da criação de valor.

A comprovação e o reconhecimento pelo interesse no conceito de criação de valor são registrados também por Rumelt (2003), que discute a respeito das diferentes interpretações entre os autores e as diferentes áreas de conhecimento. Em sinergia, Lepak *et al.* (2007) argumentam que se trata de um conceito amplo que pode ser visto por várias e diferentes perspectivas — sejam elas pelos clientes finais, acionistas, funcionários, fornecedores, ou demais stakeholders. Para tanto, De Brito e Brito (2012) sugerem que, ao tratar do conceito de criação de valor, faz-se indispensável uma delimitação do escopo e da referência que vierem a ser utilizados.

De acordo com Besanko *et al.* (2009), compreender as fontes de criação de valor requer um entendimento da razão de existir da organização e quais os fundamentos de sua economia. Isso, por sua vez, leva em conta o conhecimento do que gera benefícios ao consumidor. Este conhecimento é a garantia de que os produtos ou serviços — benefícios percebidos pelo consumidor — atendem às suas necessidades melhor que a dos potenciais substitutos.

Criação de Valor na Cadeia Produtiva

Projetar as possibilidades de criação de valor requer, conforme Rumelt (2003), um conhecimento que lhe permita **diferenciar criação de valor de vantagem competitiva**. Sendo assim, Rumelt (2003) propõe que se considere a criação de valor como a resultante de condições comerciais favoráveis no mercado de produtos. Afinal, as mudanças na demanda de mercado ou nas condições tecnológicas podem ameaçar o modo como uma empresa produz seus produtos e, por consequência, cria valor (Besanko *et al.*, 2009).

A **criação de valor** é a resultante entre a predisposição dos clientes em pagar por um produto ou serviço menos o custo total obtido para produzir um bem ou um serviço dentro de uma organização (Brandenburger & Stuart, 1996).

Assim, em detalhe, para criar valor (CV), conforme Brandenburger e Stuart (1996), leva-se em conta a cadeia produtiva onde uma empresa esteja inserida e a assimetria na estratégia entre todas as empresas que façam parte dessa cadeia. Ao considerarmos as cadeias produtivas, deve-se levar em conta a seguinte premissa: a existência de pelo menos três atores — como **um fornecedor, uma empresa e um comprador**.

Nesse contexto, a definição de criação de valor para Brandenburger e Stuart (1996) tem dois ingredientes a se avaliar: (A) a predisposição para pagar de um consumidor (WtP) e (B) o custo de oportunidade (Co) dos fornecedores. O que significa, em outras palavras, as respectivas extremidades da cadeia produtiva sendo analisadas. A resultante — o valor criado na cadeia produtiva — é definida como o primeiro ingrediente menos o segundo, sendo CV = (A) − (B), conforme ilustrado na Figura 12, que descreve a equação.

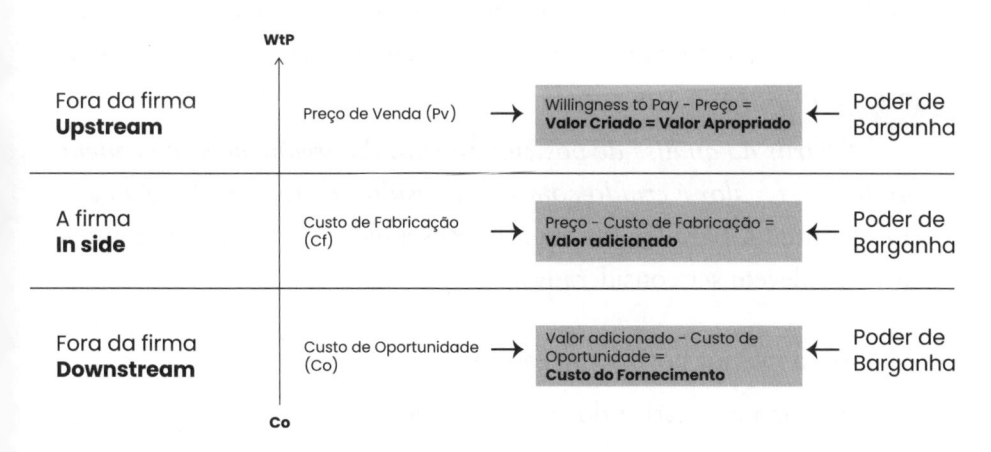

Fora da firma **Upstream**	Preço de Venda (Pv) →	Willingness to Pay − Preço = **Valor Criado = Valor Apropriado**	← Poder de Barganha
A firma **In side**	Custo de Fabricação (Cf) →	Preço − Custo de Fabricação = **Valor adicionado**	← Poder de Barganha
Fora da firma **Downstream**	Custo de Oportunidade (Co) →	Valor adicionado − Custo de Oportunidade = **Custo do Fornecimento**	← Poder de Barganha

Figura 12: Criação de Valor na Cadeia Produtiva, Brandenburger e Stuart (1996)
Fonte: Adaptado pelos autores

Adicionalmente, Lieberman e Balasubramanian (2007) contextualizam outro argumento. Uma empresa cria valor a partir dos produtos e serviços produzidos e entregues a um custo menor que a predisposição de um consumidor por pagar.

O resultado desse processo dinâmico de criação de valor é a vantagem competitiva da organização que, segundo Casadesus-Masanell e Ricart (2010), está relacionada ao quão bem o modelo de negócios interage com seu ambiente para produzir ofertas que adicionem valor.

Infere-se que a criação de uma vantagem competitiva está diretamente correlacionada com a criação de valor nas organizações. Afirmação que se sustenta no trabalho de Shafer (2005). O autor alega que a criação de valor não ocorre no vácuo, faz-se necessário uma organização e um contexto para tal. Adicionalmente, Bowman e Ambrosini (2000) exploram o fenômeno valor criado. Este se dá por meio da ação dos indivíduos dentro da organização e o valor capturado é determinado pelo relacionamento percebido entre os atores econômicos (stakeholders) envolvidos na cadeia produtiva. De forma complementar, Hamel (2000, 2002) argumenta que ambos ocorrem dentro da cadeia produtiva, sendo que nesse contexto a organização pode criar relacionamentos únicos com qualquer um dos membros da cadeia, tais como: fornecedores, parceiros, canais de distribuição e cliente final.

A partir da análise de posicionamento da organização na cadeia produtiva, o valor é criado como uma resultante do modelo de negócios. Contudo, para Chesbrough & Rosenbloom (2002) as seguintes variáveis devem ser consideradas:

- a melhor posição na cadeia;
- uma estimativa do custo de operação;
- a estimativa do potencial de lucratividade da organização; e

- caracterizar a posição da organização dentro da cadeia produtiva em relação aos demais atores — a jusante e a montante da posição ocupada na cadeia produtiva pela organização.

Avaliada a relevância dada para a posição de uma organização dentro da cadeia produtiva, Casadesus-Masanell e Ricart (2011) sugerem que os componentes de um modelo de negócios devem ser contemplados em concordância com as escolhas feitas pelos gestores quanto ao formato e a dinâmica que a organização terá para criar valor. A seguir estão alguns tipos de escolhas que devem ser feitas para que a organização possa funcionar de maneira a criar valor:

- a definição da padronização de remuneração dos funcionários e acionistas;
- a gestão de contratos de compras;
- o tipo do local físico das instalações onde as operações serão controladas;
- o grau de integração da organização com seus respectivos fornecedores de forma horizontal ou vertical;
- o formato e o uso de iniciativas de marketing e publicidade;
- os planos comerciais na formação de preços para as vendas; e
- a escolha mais homogênea ou heterogênea do perfil dos candidatos no ato das contratações de mão de obra.

Portanto, as escolhas estratégicas devem correlacionar-se com a busca de criação de valor por meio do desdobramento dos objetivos estratégicos que a organização queira seguir. Dessa forma ela terá vantagens competitivas percebidas na cadeia produtiva, salientam Casadesus-Masanell e Ricart (2007, 2009 e 2010).

AS QUATRO LENTES DE VALOR

4

Partindo do pressuposto de que toda organização — por meio de seus gestores — faz escolhas fundamentadas em aspectos estratégicos e que, por sua vez, essas promovem consequências (Casadesus-Masanell e Ricart (2010)), infere-se que toda organização tem algum tipo de modelo de negócio sendo praticado. Caso contrário, ela não sobreviveria.

A visão de Casadesus-Masanell e Ricart (2007, 2009) tipifica o que deveria ser contemplado em um bom modelo de negócios. Segundo eles, faz-se necessário um alinhamento com os objetivos da organização — ou seja, contemplar atividades que reforcem umas às outras e, assim, neutralizar as ameaças externas. Deve-se buscar novas combinações e correlações entre os componentes a fim de se criar novos ciclos de inter-relações que estimulem os ciclos virtuosos já existentes e, por sua vez, frenar a ação dos concorrentes (Casadesus-Masanell, 2004).

Sendo assim, a resultante de todo e qualquer modelo de negócios é Criar e Capturar Valor.

Na interpretação mais atual da epistemologia da palavra, Valor é axia — ou seja, axiologia é o estudo dos valores. Sua definição indica algo realizado, que está ligado ao reconhecimento do mérito das coisas e das ações.

A realização do valor requer atribuição de mérito ou de valoração. Se o valor expressa uma relação, então criá-lo implica promover os elementos necessários para a ocorrência: Direcionamento (fonte e alvo, valor pra quem), Julgamento (atribuição de valor, hipótese, proposta e percepção e adesão). Veja a ilustração do encontro dos vetores na Figura 13 abaixo:

Criação de Valor

Fonte
Entra com o potencial de valor
O ofertante julga que aquilo que propõe seja valor para a outra parte.

Alvo
Com sua capacidade de perceber o valor proposto.
O julgamento daquele que percebe a oferta de valor de fato como valor.

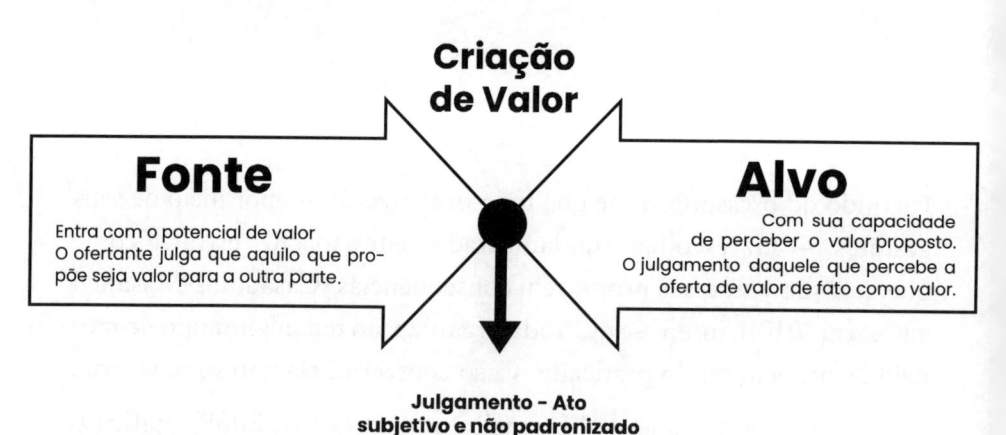

Julgamento - Ato subjetivo e não padronizado

Figura 13: Vetores de Valor
Fonte: Elaborada pelos autores

A fonte entra com o potencial de valor e o alvo com sua capacidade de perceber o valor proposto. Consequentemente, as partes envolvidas assumem dois tipos de julgamento. O primeiro é o de quem apresenta o valor — o ofertante julga que aquilo que propõe seja valor para a outra parte. O segundo, é julgamento daquela que percebe a oferta de valor de fato como valor. Ambos os julgamentos se materializam em ações.

Por parte da empresa, tem-se o ato de propor valor. O movimento tem início com um valor potencial que representa a hipótese da empresa sobre o que o consumidor valoriza. O julgamento do consumidor é materializado pelo engajamento da troca propriamente dita. Isso reforça que é o encontro que permite a relação entre ambos no sentido de atribuição de valor e observação do valor realizado. Assim, o valor não reside no alvo independente de sua ação concreta, nem apenas na fonte como independente da interação, mas sim no encontro ou na interação do julgamento — como está demonstrado na Figura 14.

O movimento tem início no quadrante Agregar Valor que representa a produção, a construção de produtos, serviços e soluções que a empresa possa ofertar de acordo com o que o consumidor valoriza ou necessita. A troca, percepção e expectativas por parte do consumidor acontecem no quadrante Criar Valor — também comumente conhecido como Gerar Valor — que sustenta o crescimento do ciclo ao longo do tempo. Neste momento, ocorre o engajamento e interação entre as partes — fonte e alvo — como descrito acima.

Na Captura de Valor ocorre a monetização realizada pela troca de bens e serviços da fonte ou empresa que disponibiliza a oferta de valor. Por outro lado, a captura também ocorre simultaneamente pelo alvo — o sujeito que reconhece e percebe o valor dos atributos e benefícios potenciais que o produto ou serviço podem oferecer para ele. Temos então uma relação de captura bilateral.

Por último há o **Valor Distribuído**, que envolve o reconhecimento dos benefícios tangíveis e intangíveis dos produtos ou serviços que efetivamente entregam a todos os stakeholders. Dessa maneira, o ciclo virtuoso e recursivo se mantém como dinâmico e constante a fim de produzir novas ofertas de valor.

Ao se pensar nessa lógica ou dinâmica para as organizações, os processos de *Open Innovation* (Inovação Aberta) — em que colaborações externas não apenas auxiliam, mas também participam ativamente no processo de inovação das organizações — se constituem como uma fonte agregadora de valor para elas. Temos aqui uma contribuição externa que potencializa as quatro lentes de valor como fonte de novas percepções, ideias e soluções.

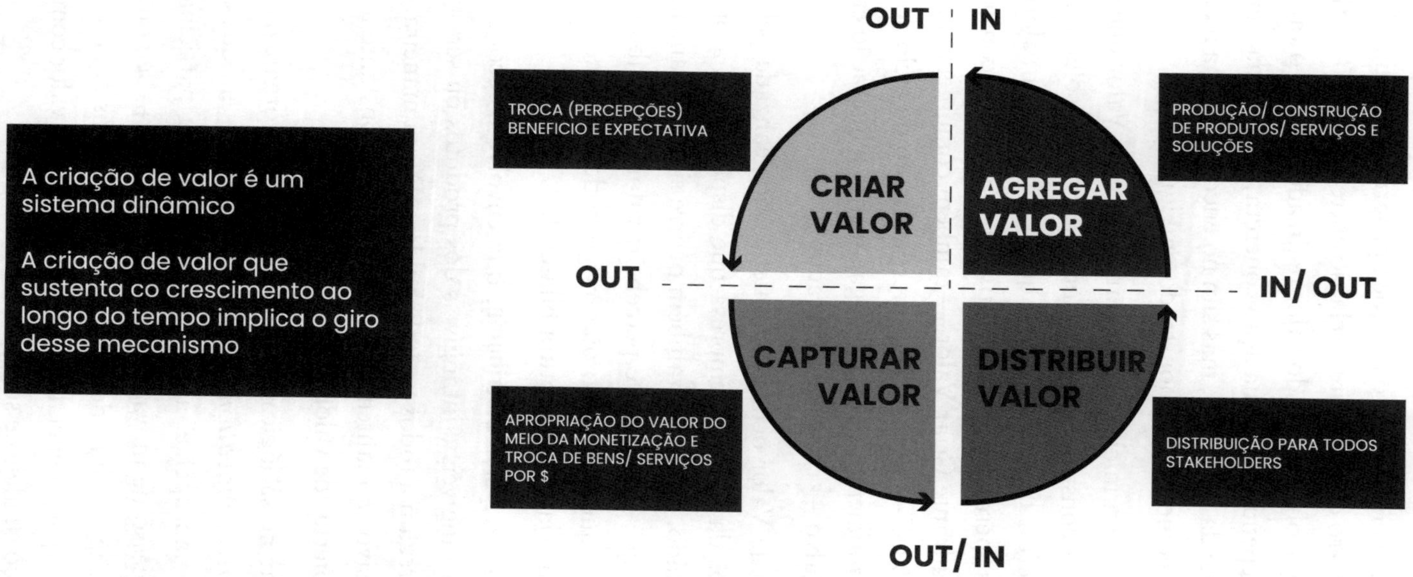

50 | O VALOR DAS ESCOLHAS

PRODUÇÃO/ CONSTRUÇÃO DE PRODUTOS/ SERVIÇOS E SOLUÇÕES

IN/ OUT

DISTRIBUIÇÃO PARA TODOS STAKEHOLDERS

OUT · IN

AGREGAR VALOR

DISTRIBUIR VALOR

OUT/ IN

CRIAR VALOR

CAPTURAR VALOR

OUT

TROCA (PERCEPÇÕES) BENEFÍCIO E EXPECTATIVA

APROPRIAÇÃO DO VALOR DO MEIO DA MONETIZAÇÃO E TROCA DE BENS/ SERVIÇOS POR $

Figura 14: As Quatro Lentes de Valor
Fonte: Elaborada pelos autores

A criação de valor é um sistema dinâmico

A criação de valor que sustenta co crescimento ao longo do tempo implica o giro desse mecanismo

Mediante a contextualização e a evolução apresentadas sobre o conceito de valor, pode-se afirmar que o valor não reside no alvo independente de sua ação concreta, nem apenas na fonte como independente da interação, mas sim no encontro ou na interação do julgamento — da colaboração e diálogo de ambos os lados, empresa e consumidor. Entendemos que, por parte da empresa, tem-se o ato de propor valor por meio de seu produto, ofertando o que é relevante e valorizado pelo consumidor.

Para o consumidor, o julgamento é materializado pelo engajamento da troca propriamente dita. Ou seja, é o encontro que permite a relação entre ambos, no sentido de atribuição de valor e observação do valor realizado. A partir desse momento, o valor capturado se concretiza por meio da ação de aquisição (monetização), ao passo que o valor distribuído, pelo reconhecimento da dinâmica que gera o benefício e retroalimenta a lógica do ciclo.

Framework VoC – Instrumento de Autodiagnóstico

Como dito anteriormente o framework que será usado ao longo deste livro será o **The Value of Choices (VoC)** — O Valor das Escolhas. Este framework nasceu da abordagem dinâmica e do fato de que o movimento e evolução dos modelos de negócios ocorrem na lógica de escolhas e consequências. Dentro desta lógica, suas principais escolhas são definidas pelo corpo gestor das organizações nas subcategorias chamadas: (a) recursos, (b) atividades e (c) posicionamento.

Tem-se dessa maneira os primeiros três subcampos que, devido ao seu grau de interdependência, constroem ou se articulam para a oferta de valor (produtos, bens ou serviços) aos stakeholders. Essas escolhas são atreladas às consequências das diferentes óticas de valor: (a) criação, (b) captura e (c) distribuição.

A seguir, ilustramos o framework VoC por intermédio da Figura 15 — usando a ilustração da mandala. Esta é a figura mais atual que nosso projeto de pesquisa — iniciado em 2014 — conseguiu desenvolver até o momento em que esta obra está sendo escrita. Materializaremos nos próximos capítulos a evolução do conceito e da própria ilustração do VoC. O que vale destacar neste ponto é o formato atual e uso da mandala contendo seções simétricas e tripartidas para melhor contextualizar os campos ou hemisférios das escolhas (superior) e das consequências (inferior).

Figura 15: The Value of Choices (VoC) – Uso da mandala
Fonte: Elaborado pelos autores

É por esta lógica de relações dinâmicas que o framework The Value of Choices (VoC) será considerado ao longo de todo este livro. Ele sintetiza o fato de que qualquer modelo de negócio envolve escolhas e consequências e, estas, em última instância, têm a ver com o valor — seja do ponto de vista da empresa ou de seus stakeholders.

Assim, o VoC não contribui apenas com a descrição estática das escolhas realizadas para a produção de uma oferta de valor, mas favorece a análise de sua conexão com as dimensões de valor que resultam do funcionamento e da interpretação do modelo de negócio.

O framework The Value of Choices (VoC) enfatiza o fato de que as opções de um modelo de negócio resultam em valor tangível e intangível para todos os stakeholders. O VoC não se restringe a descrever a arquitetura do valor ofertado (produto ou serviços), mas permite ao analista ou gestor líder nas organizações — que estiver fazendo uso do framework — manter em mente sua ligação com as dimensões do valor que derivam das escolhas do modelo de negócios.

Dimensões essas caracterizadas como valor criado, capturado e distribuído. Dessa forma, reconciliam-se diferentes perspectivas e zonas temporais, além de administrar os ajustes necessários para manter a dinamicidade do modelo em prol da oferta de valor idealizada.

O campo das escolhas envolve três subcomponentes amplos que giram em torno da oferta de valor. Os **recursos** são um olhar interno do modelo de negócio para os ativos que são mobilizados pela empresa. O **posicionamento** aponta para uma visão externa ligada às necessidades e relações com o mercado e o cliente. As **atividades** conectam estes olhares — elas cristalizam as decisões do corpo gestor quanto ao uso dos recursos e à posição adotada.

Por outro lado, o campo das consequências representa os resultados que a materialização e transação da oferta de valor podem trazer para a empresa e seus stakeholders. O **valor criado** contempla a perspectiva da empresa em relação às vantagens competitivas que seu modelo de negócio lhe traz. O **valor capturado** é a dimensão econômico-financeira resultante do modelo na visão da empresa e de seus acionistas. E o **valor distribuído** envolve o reconhecimento dos benefícios que o modelo efetivamente entrega aos demais stakeholders.

A lógica de uso do framework VoC que propomos neste livro está pautada na dinâmica dos líderes e responsáveis pela gestão das organizações. O primeiro passo consiste em promover e mobilizar as melhores escolhas quanto aos componentes de **recursos, atividades** e **posicionamento** de forma a colocar em marcha a **oferta de valor**. Assim sendo, a reflexão é direcionada a partir de dois movimentos. O primeiro deles — "de dentro para fora" — busca compreender quais são os recursos e competências que a empresa pode mobilizar para oferecer valor a todos os stakeholders. O segundo movimento — "de fora para dentro" — é orientado para a compreensão das oportunidades do mercado, bem como para as necessidades dos clientes de maneira que a organização possa moldar e materializar sua **oferta de valor**.

No primeiro substrato de camadas em direção ao centro da mandala temos seis componentes contidos em dois hemisférios simetricamente divididos. O primeiro grupo — na parte superior da mandala — é o das escolhas; e o segundo — na parte inferior da figura — contempla os componentes que determinam o valor das escolhas feitas no primeiro grupo.

Logo, o valor das escolhas é dado pela análise das consequências, e elas podem ser vistas em uma zona temporal presente, passada ou futura, conforme a ilustração feita na Figura 16.

O VoC como ferramenta — ou ainda como um framework — permite a visualização do modelo de negócio de qualquer organização como uma engrenagem. É como se a roda dentada e a corrente de uma bicicleta fossem uma metáfora do fluxo dinâmico e interdependente de um modelo de negócio. Assim, as dimensões do valor derivam das escolhas dos líderes das organizações e voltam ao sistema, alimentando-o com insights sobre os resultados e o que deve ser ajustado da próxima vez — e assim por diante, continuamente.

Portanto, ao usar o framework VoC é importante não somente elencar os elementos que farão parte de cada componente e subcomponente, mas estabelecer relações entre eles, pensando no VoC como um sistema no qual existe articulação e interdependência. A interação contínua destes elementos reflete o modelo de negócios com o qual a empresa escolhe competir e cooperar no seu ambiente de atuação.

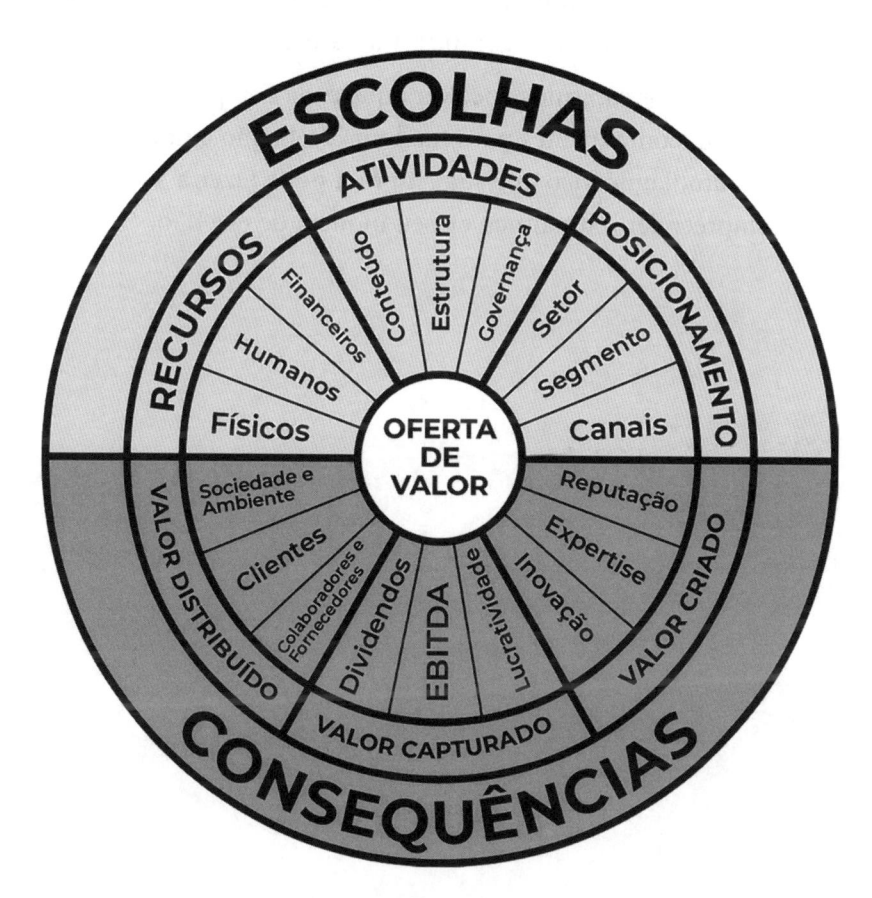

Figura 16: The Value of Choices (VoC) com subcategorias
Fonte: Elaborado pelos autores

A análise de um modelo de negócio não deve se concentrar apenas em uma dimensão estática referente à descrição das escolhas e do funcionamento da empresa. As escolhas são realizadas em função do que se quer ofertar e do que, de fato, pode ser apropriado, criado e distribuído para todos os stakeholders. É isso que determina — em última instância — o valor das escolhas.

Dessa forma, o analista estratégico de qualquer tipo de organização que vier a fazer uso do VoC poderá conciliar diferentes perspectivas, zonas temporais e administrar os ajustes que se fizerem necessários ao longo do tempo para garantir a dinamicidade do modelo.

Nos próximos capítulos você verá que cada componente se desdobra em três subcomponentes para facilitar a reflexão e nortear as perguntas do autodiagnóstico que sua empresa pode fazer a sim mesma a fim de compreender a dinâmica de seu modelo de negócio.

OFERTA DE VALOR

Oferta de Valor: O elo entre as escolhas e as consequências

A oferta de valor é uma das resultantes da criação de valor conjecturada e materializada em bens e serviços. Ela é a melhor hipótese (aposta) da empresa sobre o que o seu público-alvo considera como valor e está disposto a aderir por meio da troca (transação). Mas enquanto isto não acontece — ou se o público não a reconhece como tal —, ela continua sendo o que muitos frameworks intitulam: uma proposta de valor. Em outras palavras, um valor que foi proposto, mas ainda não realizado ou materializado com uma entrega efetiva. Por isso, fizemos anteriormente a distinção entre criação de valor conjecturada e realizada na entrega concreta de produtos, bens ou serviços.

A oferta de valor é um dos componentes mais importantes do nosso modelo conceitual que resulta na forma como tratarmos e abordamos a temática — modelo de negócio. E no caso específico do VoC, ela é o componente no centro da mandala que promove a ligação entre o campo das escolhas e das consequências, pois materializa o que o modelo quer construir, apresentar e entregar para o mercado consumidor.

Ela cristaliza todas as escolhas feitas nos componentes do hemisfério superior da mandala: recursos, atividades e posicionamento. E, ao mesmo tempo, ela é o fundamento que se correlaciona com os componentes posteriores do hemisfério inferior da mandala, nomeados como: subcomponentes de valor criado, valor apropriado e valor distribuído.

Conciliar as oportunidades com os modelos de negócios ao longo do tempo é uma tarefa desafiadora que tem se mostrado possível no caso da IBM. Afinal, como disse o CEO responsável pela retomada histórica do crescimento financeiro da empresa, Lou Gerstner, "Who says elephants can't dance?" ("Quem disse que os elefantes não podem dançar?"). Gerstner foi o primeiro CEO da IBM não desenvolvido internamente. Ele assumiu a empresa em 1993, justamente quando suas vendas e lucros decresciam de forma alarmante. A receita de US$13 bilhões do mainframe (computadores de grande porte, produzidos pela IBM desde 1952) em 1990 tinha caído para uma projeção de menos de US$7 bilhões. Durante sua gestão (1993–2002), Gerstner destacou o reposicionamento do mainframe como uma das escolhas que alavancou a retomada da empresa. A IBM obteve resultados positivos com uma dramática redução de preços do produto (96% em 7 anos) e o desenvolvimento de versões capazes de entregar aos clientes uma infraestrutura de TI cada vez mais rápida, segura e competitiva.

Na análise do professor Chesbrough (2007) — que pesquisa a inovação em modelos de negócios —, a busca pela transformação da IBM moveu seu empenho em direção a novas fontes de receitas. Uma das descobertas mais bem-sucedidas nessa trajetória foi mobilizar sua expertise para oferecer soluções de tecnologia destinadas aos negócios. Dessa forma, a empresa mudou a ênfase de sua oferta de valor — de fornecedora de hardware para provedora e parceira de serviços — combinando o melhor dos recursos disponíveis com as capacidades desenvolvidas ao longo de sua experiência. Em 2006, mais da metade da receita de US$90 bilhões vinha da IBM Global Services.

Essa escolha da mudança de foco expressa o alinhamento de uma visão *inside-out e outside-in* da estratégia. A primeira enfatiza o que o ambiente interno da empresa tem a oferecer, e a segunda mantém em vista as escolhas quanto ao seu posicionamento no mercado.

A Figura 17 reflete o conjunto de escolhas estratégicas do modelo de negócio da IBM — especialmente no Brasil — na composição de sua oferta de valor.

	RECURSOS E CAPACIDADES	OFERTA DE VALOR	POSICIONAMENTO
ESCOLHAS	Expertise em pesquisa e desenvolvimento de soluções tecnológicas. Parcerias estabelecidas com negócios e desenvolvedores em diversos setores	Arquitetura inteligente de dados por meio das tecnologias: IBM Watson, IBM Security, IBM Cloud, IBM Research, IBM Systems, IBM Services. Acesso à tecnologia IBM pela plataforma IBM Cloud	Foco no desenvolvimento de parcerias com agronegócio, saúde e desenvolvedores. Segmentação: Top accounts(f2f), Empresas intermediárias(f2f, canais), Segmento comercial (canal digital)

(Inside-out → Recursos e Capacidades / Oferta de Valor; Outside-in → Oferta de Valor / Posicionamento)

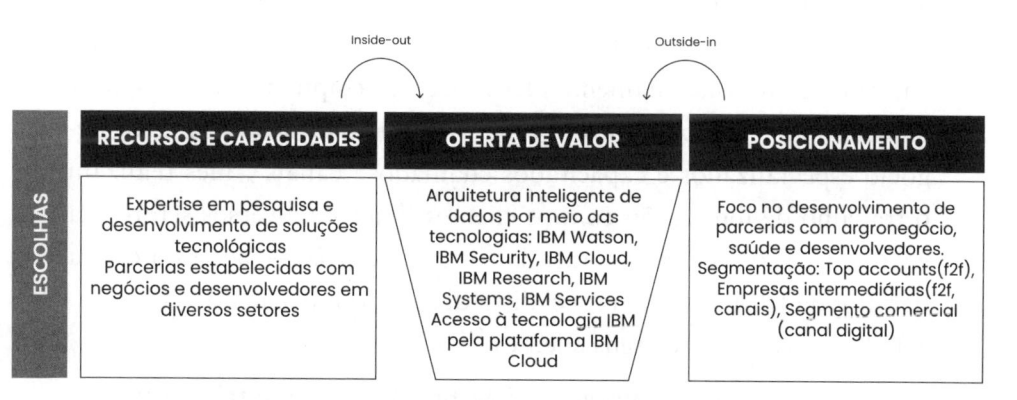

Figura 17: Framework da oferta de valor da IBM Brasil
Fonte: Elaborado pelos autores (2017)

O que chama a atenção no exemplo da IBM é que a transformação dos negócios passou por uma reflexão sobre o alinhamento interno e externo da organização, combinando recursos e posicionamento. Este é o tipo de reflexão que permitirá que as empresas construam modelos de negócios que não apenas acompanhem, mas também se antecipem aos movimentos da nova era.

A análise do ambiente externo levou em consideração tanto a concorrência quanto o perfil de compra de seus clientes, resultando no agrupamento de três perfis:

a. top accounts;
b. empresas intermediárias; e
c. segmento comercial.

Os primeiros são assim chamados não pelo tamanho da empresa, mas pela oportunidade a ser explorada ou problema a ser resolvido com uma das soluções da IBM. O relacionamento estabelecido com esse perfil é pessoal e posiciona a empresa como parceira na transformação do negócio por meio da tecnologia. Seja para promover a redução de perdas ou aumento de ganhos, a simplificação de processos ou o acesso a clientes e parceiros por um canal digital mais eficiente, a IBM monitora o fluxo dinâmico desses problemas e oportunidades para seguir mantendo sua oferta de valor ao cliente. Com esse mesmo empenho e um relacionamento *face to face*, as empresas intermediárias têm acesso à tecnologia IBM por meio de uma rede de parceiros de negócio especializados e capacitados chamados "canais". Eles realizam o trabalho de integração com os clientes finais de diversos setores da economia. E o segmento comercial — em ascensão — acessa a oferta de valor da IBM com um especialista digital pronto a atender às necessidades específicas dos seus clientes.

Além dessa segmentação, a IBM Brasil selecionou três setores estratégicos para aplicar e desenvolver soluções de tecnologia: bancário, agronegócio e saúde. Se no século XX os bancos eram estratégicos — especialmente pelo fenômeno da hiperinflação —, atualmente, o agronegócio e a saúde são os segmentos que experimentam a maior transformação pelos dados. E, por fim, a IBM dedica atenção aos desenvolvedores, que ganham cada vez mais relevância para os fornecedores de tecnologia.

A dinâmica e a reconfiguração da oferta de valor no cenário global

Com a pandemia de COVID-19, os Estados Unidos e a União Europeia perceberam o quanto intensificou a insatisfação de suas sociedades e economias com a dependência de setores estratégicos altamente dependentes de indústrias situadas em países do Oriente — sobretudo na China, mas também em Cingapura, Taiwan, Vietnã, Coreia do Sul e Japão —, de acordo com o artigo *"Near-Shore e Near-Sharing*: A Oportunidade para a América Latina" (FDC, 2022).

Aliado a esse panorama, os impactos causados pela invasão da Ucrânia pela Rússia em 24 de fevereiro 2022 afeta novamente as cadeias produtivas, de logística de abastecimento e de produção em todo mundo. Além dos reflexos desencadeados pela guerra que eclodiu no continente europeu, uma nova tensão paira no ar: um conflito entre China e Taiwan, que promete afetar ainda mais as cadeias de abastecimento e logística dependentes de componentes e insumos produtivos consumidos globalmente.

Diante desse cenário de incertezas, a oferta de valor assume um novo papel perante os movimentos das indústrias e fornecedores que buscam oportunidades de negócios em regiões com maior estabilidade política e econômica. Os novos desafios serão: (a) os formatos e (b) a reconfiguração que as cadeias globais de suprimentos assumirão ao explorarem outros potenciais continentes.

Enquanto a União Europeia volta seus olhos para o Leste Europeu, os Estados Unidos enxergam na América Latina a oportunidade de manter sua cadeia de suprimentos ativa. Com isso, cria-se outra oportunidade: o chamado *Near-Sharing*, [*compartilhar perto*, em tradução livre] que é a possibilidade desses países menos desenvolvidos não só colaborarem com sua mão de obra, mas também terem um incentivo como provedores de bens e serviços em troca de um intercâmbio de conhecimento no eixo das Américas.

Este movimento é uma oportunidade única para América Latina — em que a oferta de valor assume um novo formato e composição nos mercados —, onde o custo de produção já não é mais o fator primordial e sim a garantia de abastecimentos e sem interrupções. O atrativo está no desafio de países com estabilidade e sem riscos de tensões.

Os conflitos bélicos e diplomáticos que hoje perpassam o leste Europeu e o Oriente, o *Near-shore* [*mais próximo à costa*, tradução livre] se torna necessário. No entanto, ao mesmo tempo torna-se desafiante, tendo em vista a alta instabilidade de regiões tidas como estratégicas e a mão de obra de baixíssimo custo na China e em Países Orientais — quase impossível de ser aplicadas em outras partes do mundo.

Por outro lado, a busca por empresas em países de baixo risco é fundamental para que as cadeias produtivas operem sem rupturas de abastecimentos. São alguns exemplos desse movimento:

a. o anúncio de migração da produção dos produtos fones de ouvido AirPods e Beats da marca Apple para novos fornecedores na Índia, que é o segundo maior mercado de smartphones do mundo — de acordo com a publicação da Nikkei Asia (2022). A produção do iPhone (versão 14) também já foi comunicada que será transferida para esse país. A justificativa é a busca por alternativas à China e a redução de riscos geopolíticos e de obstáculos na cadeia de suprimentos;

b. a empresa Micron, que planeja investir até US$100 bilhões nos próximos 20 anos na construção de um complexo para fabricação de microprocessadores em Nova York, com o intuito de impulsionar a fabricação de chips norte-americanos. O projeto busca se tornar a maior instalação de fabricação de semicondutores do mundo;

c. o apoio de Elon Musk à Ucrânia por meio do satélite como fonte vital de comunicação para os militares ucranianos, permitindo estarem conectados enquanto lutavam, mesmo com as redes de telefonia celulares e internet destruídas em território próprio;

d. a Schneider Electric e a John Deere, que anunciaram investimentos volumosos e com incentivos para expandir suas fábricas nas regiões americanas de Kentucky, Nebraska e Louisiana. A John Deere investirá na produção de equipamentos agrícolas na fábrica Thibodaux. Com os investimentos, a fábrica aumentará a sua capacidade para colheitadeiras de algodão de chassi médio, que estão sendo fabricadas na China.

Esses exemplos podem materializar o movimento intitulado *"Near-Shore"*, que busca — por meio dos países mais desenvolvidos — elencar parcerias com países próximos ao mercado consumidor e próximos em termos de distância entre os continentes, com baixo risco, e custos de mão de obra intermediários. É uma busca nova e distinta à anterior quando a China foi caracterizada como a região manufatureira para o mundo. Atualmente a busca é por um risco bem menor e se aceita um pouco mais de custo. É nessa reconfiguração da oferta de valor que, face à nova configuração global nos tempos atuais, se exige uma nova dinâmica para a economia mundial.

Seguindo uma lógica semelhante, o *"Near-Sharing"* e o *"Near-Friendly"* vêm como conceitos adicionais ou oportunidades para um intercâmbio no eixo das Américas. Ele promove relações e aprendizado, almejando estimular uma maior circulação da produção das empresas, pessoas, insumos e matérias-primas para além das margens dos países, integrando o centro e não somente as bordas litorâneas destes.

O motivo por trás da oferta

Dando um passo atrás, a oferta de valor é precedida de um problema ou por um *job-to-be-done* [*trabalhos para serem feitos*, em tradução livre] — terminologia cunhada por Christensen (2016) que traz insights sobre o comportamento e intenção do consumidor. Basicamente, significa identificar um problema crucial presente em dado contexto cuja solução represente uma oportunidade para construir uma oferta de valor.

Ao identificar um problema e propor uma solução, seu negócio está acenando com uma mudança do status quo. A organização quer demonstrar que a sua proposta não só resolve o problema, mas o faz de maneira diferente das soluções tradicionais ou das opções existentes. Então, se as coisas vão mudar em algum nível, é importante deixar o problema bem claro e destacar a sua relevância.

Em termos quantitativos, a grande pergunta é: quão grande é o problema? Estatísticas e fatos são importantes nesta descrição e entendimento da problemática. Quem e quantas são as pessoas atingidas por este problema? O quanto é perdido (recursos, oportunidades etc.) por causa dele (problema)?

Os movimentos emergentes *Near-Shore* e *Near-Sharing* citados anteriormente confirmam a importância não só da identificação dos problemas, mas de como buscar alternativas e soluções que gerem menos impactos para as organizações.

Por outro lado, a relevância qualitativa do problema também faz parte de seu dimensionamento. Portanto, o que está em jogo é a pergunta: quão prejudicial é o problema? Depoimentos e histórias contribuem para destacar a relevância qualitativa.

No caminho em direção à apresentação da proposta de valor como solução, também é importante explicitar os motivos de existência e persistência do problema ou desafio. Isto situa a configuração da oferta de valor (bens ou serviços) como diferencial em relação às soluções existentes e como via de mudança da situação vigente.

Por exemplo, a GiveMove (e-book iImpact, 2020) é uma startup de tecnologia médica, de origem argentina, que oferece soluções de mobilidade e autonomia para crianças e adolescentes com deficiência motora. Com o lema "tecnologia aplicada à felicidade", a GiveMove aponta os principais contornos do problema que sua oferta de valor a ser concebida endereça. A seguir — na Figura 18 — tem-se o problema identificado pela GiveMove em duas dimensões.

O PROBLEMA	
DIMENSÃO QUANTITATIVA	DIMENSÃO QUALITATIVA
▸ Um em cada dez argentinos vive com alguma deficiência física; ▸ A deficiência motora representa 50% do total das deficiências presentes na Argentina; ▸ 60% dos argentinos com deficiência não têm um "certificado" oficial que lhes permita receber qualquer assistência ou ajuda do Estado.	▸ As necessidades das pessoas com deficiência motora são complexas, e isto representa um desafio para os engenheiros e um motivo de mudança no setor de cadeiras de rodas motorizadas; ▸ Os jovens representam uma parte vulnerável entre as pessoas com deficiência motora.

Quadro 1: Dimensão Quantitativa e Qualitativa do problema
Fonte: Elaborado pelos autores

A solução da GiveMove trouxe qualidade de vida para os deficientes e seus familiares, além de promover mais integração no ambiente escolar, em casa, no lazer e nos momentos de reabilitação. Do ponto de vista psicológico, o aparelho promove a independência dos usuários, favorecendo a autoestima e o convívio social; fisiologicamente, a verticalidade do aparelho ajuda na melhora das contrações musculares, prevenindo a atrofia, por exemplo.

O bipmov, como também é chamado, é fácil de ser transportado sem limitar o acesso de uso em outros espaços. A GiveMove não só resolve o problema como também traz soluções a partir do momento em que ela consegue conectar os benefícios do usuário ao seu entorno, e situar a proposta de valor como diferencial na construção de sua oferta de valor (e-book iImpact, 2020).

A Agenda Edu também é um exemplo a ser explorado. Com origem no Nordeste brasileiro, a plataforma permite que alunos, pais e professores se comuniquem e resolvam questões rotineiras da escola por meio do aplicativo. Ao entender e identificar os problemas que eram comuns entre os pais, a startup percebeu a dimensão do problema e identificou as oportunidades. Viu-se que os pais e responsáveis têm uma rotina intensa dentro de um contexto digital, mas vivem na contramão ao se deparar com os bilhetes escolares numa agenda de papel, num mundo totalmente digital.

Segundo os fundadores da startup, a situação também é problemática para a instituição de ensino, pois as escolas sentem a necessidade de estar conectadas, mas gastam tempo e dinheiro em processos ineficientes e com papel (e-book iImpact, 2020). Entendido o contexto, a startup criou a solução com o foco no engajamento dos alunos e responsáveis pela rotina escolar, objetivando fortalecer os laços e conectar pessoas para transformar as jornadas educacionais.

Não muito distante da GiveMove, a Agenda Edu (e-book iImpact, 2020) compreende que a autonomia é a chave para explorar novas ideias, caminhos e habilidades — que são combinados com seus recursos para ofertar soluções diferenciadas por meio da sua oferta de valor. A redução de custos com impressão, insumos operacionais e o tempo dos professores para atividades administrativas foram convertidos em mais tempo para o conhecimento e engajamento por meio do aplicativo — que ajuda a escola com um processo de transformação digital, gerando impactos econômico e socioambiental (Revista PEGN, 2019).

A oferta de valor se configura a partir do momento em que o aplicativo propicia maior agilidade às atividades operacionais, favorecendo e ampliando a integração dos ambientes educacionais para com os responsáveis e alunos, se tornando um facilitador do processo. O modelo de negócio da Agenda Edu é B2B. Em 2015, a Agenda Edu foi acelerada por um programa da Fundação Lemann.

A questão central que se pode ter como fundamento da oferta de valor é basear a proposta em necessidades reais observadas no mundo real para que haja mais possibilidade de percepção de valor e adesão a ele. É isto que favorece a transição de criação de valor conjecturada para criação de valor realizada.

A FazGame (e-book iImpact, 2020) é outra startup com foco em projetos de educação, tecnologia e gamificação. A ferramenta de criação de games educacionais tem como objetivo integrar games a plataformas de ensino a distância corporativas e universitárias, para proporcionar o aprendizado em pílulas ou *Micro Learning*, aumentando a integração e retenção dos alunos. A vantagem da ferramenta é ser totalmente colaborativa. Nela, os alunos e professores podem criar jogos educacionais sem precisar de conhecimentos de programação ou design — e não requer conhecimentos de codificação. A oferta de valor por meio da motivação ao criar um game engaja os alunos promovendo um alto valor pedagógico e estímulo à capacidade de tomar decisões não lineares (www.fazgame.com.br).

Ideia semelhante se encontra no *Golden Circle* proposto por Simon Sinek (2009) — o motivo por trás da proposta de valor põe em marcha a engrenagem do modelo de negócio.

Um problema bem delimitado e relevante conduz a um porquê poderoso que coloca em evidência a solução (oferta de valor), pois ele tem o potencial de conduzir àquele ponto em que se diz: "Faz todo sentido!" É no cenário do propósito que faz sentido pensar no "quê" e no "como" é feito. Segundo Sinek, pode ser mais fácil começarmos pelo "quê", fazemos. Estamos mais certos acerca das ações, e isto soa mais objetivo.

O "como" parece ser o passo seguinte natural — embora nem sempre linear ou totalmente conhecido —, e é o que expressa o nosso jeito e soa pragmático. Mas o centro, aquilo que inspira, compele e atrai é o que geralmente não entra no discurso (ou nem está consciente): o motivo e não os resultados, mas o propósito mais profundo — o que é valor para o negócio. Isso sim conversa com os valores de outros e é capaz de atrair mais do que a descrição do modo de fazer. Veja ilustração na Figura 18.

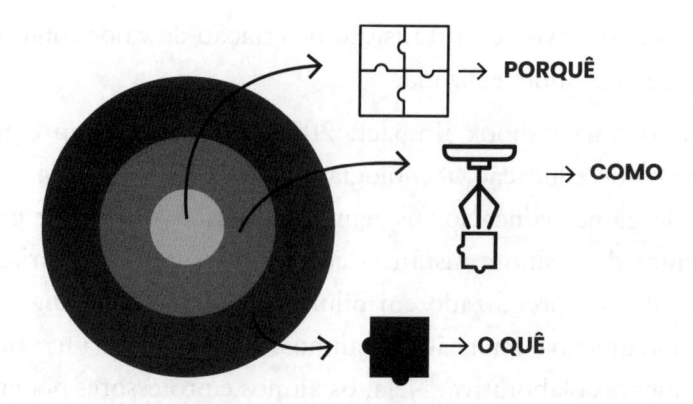

Figura 18: O *Golden Circle* de Simon Sinek, (2009)
Fonte: Adaptado pelos autores

No dia a dia, existem quatro grandes problemas, envolvidos na identificação do *job-to-be-done* e que podem ser endereçados por uma oferta de valor:

a. limitações de acesso à riqueza;

b. limitações de acesso à saúde;

c. limitações de acesso às habilidades; e

d. tempo.

Essas são — em síntese — as quatro grandes dimensões de problemas na sociedade segundo Johnson & Kagermann (2008).

Outra solução tecnológica e que oferta valor por meio da identificação de problemas envolvendo o ecossistema é a Speck. A ferramenta usa os fundamentos da psicolinguística e da inteligência artificial do modelo IBM Watson, instrumentalizando o processo de aprendizagem ao longo do tempo.

A plataforma parte de uma solução única com formatações específicas para dois segmentos da atividade humana: educação e empresas. Para a educação, o foco da ferramenta está em entender as competências e habilidades dos alunos a partir do conhecimento de sua personalidade. Para as organizações, auxilia a empresa na triagem e seleção de profissionais levando em conta fatores socioemocionais.

Os resultados dessa oferta de valor se concretizam num melhor preparo da pessoa e uma jornada de aprendizagem inspiradora que vai gerar conhecimento para a vida e para as profissões. A entrega de resultados é intermediada por big data e mentoria para dar feedbacks continuamente, e com isso pode ajustar a melhoria do desempenho escolar e a cultura das empresas. O modelo de negócio é focado no B2B e B2C — setor de educação, empresas e indivíduos (Kuka.com.br).

Os porquês indicam propósitos que requerem ações concretas que resultem em produtos e serviços realmente necessários e com valor reconhecido. Não se pode confundir o poder fazer algo — a capacidade de executar um produto com o dever fazê-lo — e oferecer ao mercado mesmo assim (Gonzalez, 2018). O que a empresa está considerando como valor pode não o ser para o consumidor.

Veremos mais detalhes no capítulo em que abordaremos sobre Valor Criado de como nem sempre o valor ofertado por determinada tecnologia — por mais inovadora que se apresente — é facilmente percebido como valor pelo mercado. É como uma solução em busca de um problema, mas ela é tão "apaixonante" que parece impossível que ninguém vá se interessar por ela.

Oferta de valor e modelo de negócio

Para qualquer tipo de organização, a oferta de valor representa a materialização da sua crença e propósitos organizacionais — em que um determinado produto ou serviço tem o potencial de criar um valor do qual os usuários podem se apropriar em termos de uso, e ela própria pode se apropriar em termos de lucro (Piteles, 2009). Este potencial engaja a empresa no estabelecimento de um modelo de negócio que melhor lhe corresponda. Portanto, é oferta de valor (ao centro da mandala) que media a criação de valor conjecturada e a ser realizada.

Esse é o caso da In Loco, uma startup de tecnologia de geolocalização *indoor* nascida em Recife com entrada no mercado de publicidade digital mobile e seus movimentos de diversificação e internacionalização.

Inspirados pelo conceito da computação ubíqua, os sócios da empresa desenvolveram uma tecnologia de localização *indoor* inédita com mais precisão e privacidade do que o GPS. Para os empreendedores, esse era o momento de diversificar a oferta e alcançar novos mercados, demonstrando o valor da computação ubíqua. Foi quando surgiram as inquietações e questionamentos, como: onde mais poderiam empregar a tecnologia que desenvolveram? O que precisavam fazer para persuadir os clientes sobre as vantagens da geolocalização *indoor*? Como alavancar sua vantagem competitiva acerca da proteção dos dados do usuário? Que mercados internacionais deveriam ser explorados? Que mudanças seriam necessárias em seu modelo de negócio?

As ideias foram desde o agronegócio para identificar as áreas de plantação que requeriam mais água até o serviço em estaleiros para localizar contêineres. Mas a primeira aplicação — em 2011 — foi a navegação no ambiente de shopping centers. A equipe desenvolveu um aplicativo para o grupo responsável pela construção do maior centro comercial do Recife. Contudo, não houve geração de receita. A solução — inovadora aos olhos dos criadores — não supriu a necessidade do mercado. O primeiro grande erro foi tentar gerar valor para o consumidor e não para quem seria o primeiro cliente deles. E mais, o aplicativo foi desenvolvido de graça, tentando entrar no mercado de forma inovadora e disruptiva, não conseguindo transformar os seus recursos. Como consequência, não tracionaram e não conseguiram agregar valor para o dono do shopping center.

Na esteira destes acontecimentos, a startup participou de um programa de treinamento imersivo na Universidade de Stanford. Ali aprenderam três coisas:

- a empresa é formada por pessoas, isso é a sua base;
- é preciso entregar valor para o mercado; e
- não dá para tirar uma empresa do chão sem capital.

Desde então, para ganhar cada vez mais visibilidade, a startup se submeteu a várias competições, focando em ganhar prêmios apenas pela tecnologia.

Foi então que o grupo Naspers (fundo sul-africano investidor do site de buscas Buscapé) se interessou pelo potencial da tecnologia e investiu aproximadamente 1 milhão de dólares em 2013. Em 2017, houve uma nova rodada de investimento — com cerca de 5 milhões de dólares. Após duas tentativas frustradas de aplicar a computação ubíqua para fins de navegação e mapeamento em ambientes fechados, em 2014 a startup decidiu entregar conteúdo de publicidade baseado no contexto de localização do usuário, atribuindo novos significados ao produto — pois até aquele momento a empresa ainda não havia entendido a realidade do problema e como propor a solução.

Mesmo diante das tentativas frustradas, os sócios não desistiram. A proposta do Buscapé — com seus serviços de busca e comparação de preços de produtos e serviços — resolvia um problema no mundo online, mas quem poderia fazer o mesmo no offline?

Uma pergunta de um dos clientes da base do Buscapé foi crucial para direcionar as investidas da equipe. Este cliente — uma loja do varejo online — perguntou se era possível anunciar para pessoas que estivessem dentro da loja física de seu competidor. E como seus concorrentes estavam situados predominantemente dentro dos shopping centers, o GPS era limitado para garantir uma localização precisa.

Apesar do crescimento da In Loco em 2015, o cenário mudou em 2016. A empresa começou a crescer e achou que o jogo estava ganho. A equipe se apaixonou pelo momento de mídia. Em 2016, a In Loco tentou dar um passo maior do que era capaz. Tentou diversificar antes de ser possível — antes de ter uma plataforma. A tentativa prematura de diversificação, a área de vendas não estruturada e a falta de diferenciação por parte dos clientes foram escolhas inadequadas para o momento. A paixão relatada constata a ausência de visão e imaturidade do seu modelo de negócio para sustentar a decisão tomada. Foi então que perceberam o quanto ainda não estavam preparados para crescer.

Com o aperfeiçoamento de sua tecnologia em 2017, a empresa lançou um modelo de cobrança mais agressivo e inovador no mercado — o Custo Por Visita (CPV) —, que oferecia ao cliente a garantia de pagar apenas pelos usuários que visitassem sua loja física em função do anúncio veiculado no smartphone. Nesse momento, a In Loco conseguiu identificar a oferta de valor do seu modelo de negócio pelo fato de ter percebido qual seria a solução mais adequada para a real dificuldade do problema enfrentado.

No caso do CPV, o maior desafio era convencer o cliente a pagar por visita. A proposta era pagar com uma métrica diferenciada, usando uma tecnologia que dava mais assertividade ao cliente. Foi uma oferta atrativa do ponto de vista financeiro, que gerou mais economia para o cliente e que ao mesmo tempo cobrava um valor mais atrativo por visita. A aceitação foi boa, e no fim de 2017, o negócio começou a crescer. A partir de então, a In Loco conseguiu tirar vantagem de sua diferenciação para influenciar o fluxo de visita para locais de venda por meio da publicidade. De acordo com a empresa, nenhum outro player do mercado podia oferecer o CPV.

A proposta de valor orienta o modelo de negócio e é materializada por ele por meio da combinação dos recursos selecionados com as atividades desempenhadas interna e externamente. Mesmo produtos ou serviços semelhantes podem ser levados ao mercado por intermédio de propostas de valor e modelos de negócio diferentes.

Como exemplo, pode-se citar as propostas ofertadas pelas seguradoras tradicionais e a nova modalidade *pay per use* (pague pelo uso). Ambas entregam produtos semelhantes por meio de atividades e recursos diferentes em sua proposta de valor.

Outra modalidade que vem sendo modificada para atrair mais usuários e ganhando cada vez mais adeptos no mercado são os bancos digitais. O banco Inter tem se posicionado nesse tipo de modalidade. Ele vem se adaptando numa velocidade astronômica para atender às necessidades do mercado, rompendo totalmente com o modelo convencional. Atualmente, oferece contas correntes digitais no Brasil e nos Estados Unidos sem cobrança de taxa mensal de manutenção.

A proposta única do Super App do banco Inter ao combinar a oferta completa de produtos e serviços — shopping nacional e internacional, passagens aéreas, cartão de crédito, investimentos, delivery, plano de celular, financiamento imobiliário e seguros, sem cobrar taxas abusivas de pacote de serviços e ainda oferecer benefícios e incentivos como o cashback nas compras — é uma oferta de valor orientada pelo seu modelo de negócio, sustentado na crença de que o serviço ofertado vai gerar valor para o usuário, criar novas experiências e lucro para a empresa.

A questão central da análise da oferta de valor do seu modelo de negócio está em identificar o produto ou serviço oferecidos e como ele atende a necessidades específicas ou resolve seus problemas mais relevantes.

Esta é uma pergunta que não deve ser respondida de maneira isolada, mas em conjunto com a análise das escolhas e consequências do modelo que veremos a partir do capítulo seguinte.

AUTODIAGNÓSTICO

Para melhor visualizar o impacto em uma escala métrica, a partir deste capítulo o autodiagnóstico do modelo VoC será oferecido ao término de cada seção como uma ferramenta para simular as escolhas e consequências com os seus respectivos subcomponentes.

Ao preencher as questões referentes a cada componente e suas respectivas subdivisões, você terá a possibilidade de fazer uma autoavaliação. Dessa maneira, poderá avaliar as notas obtidas e assim promover uma interpretação.

Em primeiro lugar, é importante definir a oferta de valor sobre a qual recairá a análise do modelo de negócio da sua organização. Mantenha em mente que é esta oferta de valor que guiará suas respostas sobre cada um dos componentes do The Value of Choices (VoC) ao longo dos próximos capítulos.

A seguir, a Figura 19 apresenta uma escala de "Elementos de Valor" que se propõe apoiar a escolha da oferta de valor mais alinhada ao propósito do seu modelo de negócio.

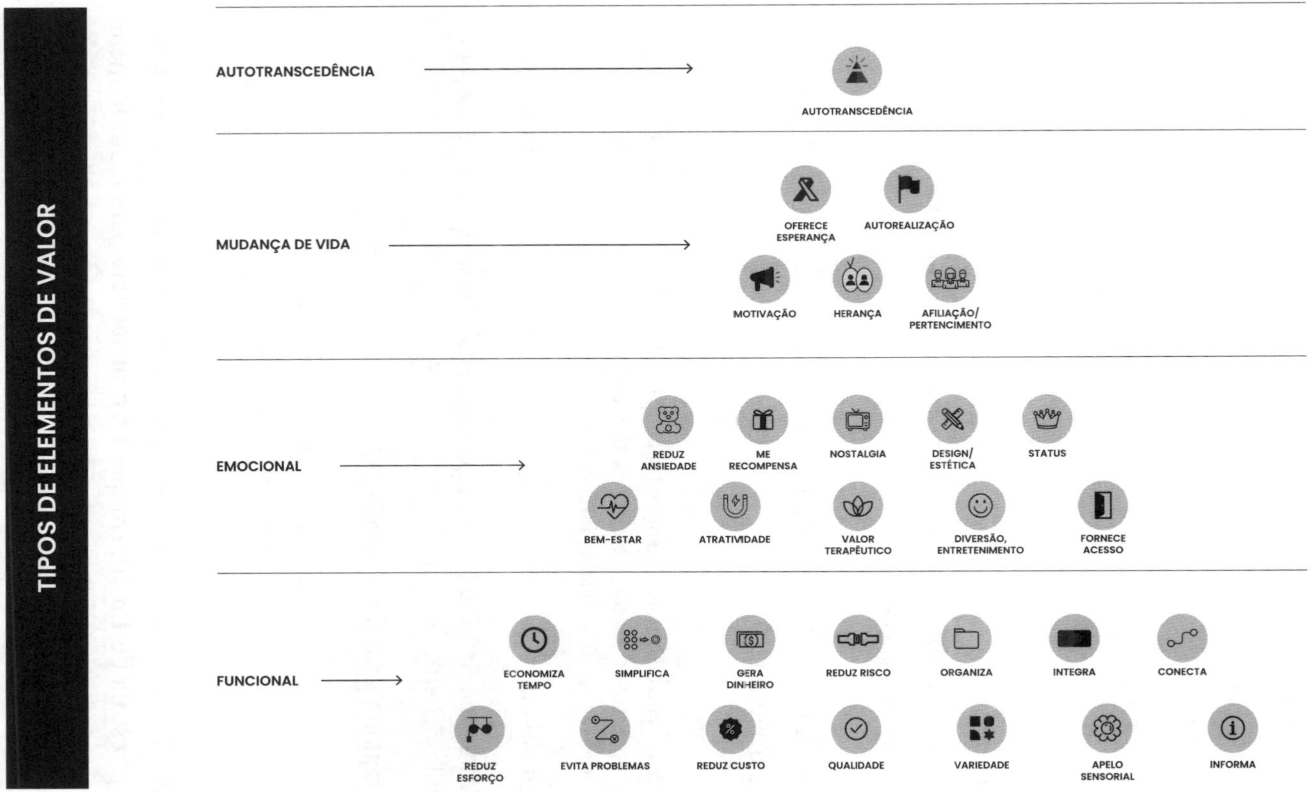

OFERTA DE VALOR | 75

AUTOTRANSCEDÊNCIA → AUTOTRANSCEDÊNCIA

MUDANÇA DE VIDA → MOTIVAÇÃO, OFERECE ESPERANÇA, AUTOREALIZAÇÃO, HERANÇA, AFILIAÇÃO/PERTENCIMENTO

EMOCIONAL → BEM-ESTAR, REDUZ ANSIEDADE, ME RECOMPENSA, ATRATIVIDADE, NOSTALGIA, DESIGN/ESTÉTICA, VALOR TERAPÊUTICO, DIVERSÃO/ENTRETENIMENTO, STATUS, FORNECE ACESSO

FUNCIONAL → REDUZ ESFORÇO, ECONOMIZA TEMPO, SIMPLIFICA, EVITA PROBLEMAS, GERA DINHEIRO, REDUZ CUSTO, REDUZ RISCO, QUALIDADE, ORGANIZA, VARIEDADE, INTEGRA, CONECTA, APELO SENSORIAL, INFORMA

Figura 19: Os elementos de valor
Fonte: Adaptada de Bain & Company - HBR

TIPOS DE ELEMENTOS DE VALOR

Reflexão inicial:

1. Qual produto/serviço será alvo de sua análise neste questionário?

2. Marque no quadro abaixo o tipo de valor predominante que a oferta de valor gera para o consumidor/cliente de sua organização.

(ATENÇÃO: escolha apenas a opção predominante usando como referência a Figura 20)

1	**Funcional**	(economiza tempo, simplifica, gera dinheiro, reduz risco, organiza, integra, conecta, reduz esforço, evita problemas, reduz custo, qualidade, variedade, apelo sensorial, informa).
2	**Emocional**	(reduz ansiedade, recompensa, nostalgia, design/estética, status).
3	**Mudança de vida**	(oferece esperança, autorrealização, motivação, legado, afiliação/pertencimento).
4	**Impacto social**	(autotranscendência).

Quadro 2: Elementos de Valor
Fonte: Elaborada pelos autores

3. O resultado de sua percepção deve ser identificado usando a escala de 1 a 10, em que **1 é a menor nota** para o alinhamento entre as escolhas do modelo de negócios e a oferta de valor e **10 é a maior nota** para percepção de alinhamento existente

entre as escolhas e a materialização da oferta de valor ao mercado. Em uma reflexão individual e inicial do seu modelo de negócios, perguntamos:

- Você acredita que as escolhas feitas na configuração do seu modelo de negócio estão alinhadas à materialização da oferta de valor que sua empresa disponibiliza ao mercado?

| 1 | 2 | 3 | 4 | 5 | 6 | 7 | 8 | 9 | 10 |

- O quanto você acredita que as consequências geradas pelo seu modelo de negócio representam aquilo que era esperado desta oferta de valor?

| 1 | 2 | 3 | 4 | 5 | 6 | 7 | 8 | 9 | 10 |

ESCOLHAS   6

O framework VoC pretende simplificar o fato de que qualquer modelo de negócio é feito de escolhas, e a consequência delas é — em última instância — o valor, seja na perspectiva da empresa ou de seus stakeholders.

Assim, o VoC como ferramenta de autoavaliação não se restringe a descrever as escolhas do funcionamento da empresa, mas permite ao gestor manter em mente sua ligação com as dimensões do valor que vão além da oferta — valor criado, apropriado e distribuído. O resultado desejado em termos de valor para os diferentes públicos combina o conhecimento das relações causais dos elementos e pressupostos acerca das consequências que sejam realistas e objetivos (Nersessian, 2010).

A proposta conceitual de Casadesus-Masanell e Ricart (2010) distingue os conceitos de estratégia e de modelo de negócio, entendendo que o último nada mais é do que a estratégia da empresa já realizada. Portanto, enquanto o modelo de negócio representa a lógica funcional de uma organização para criar valor para os stakeholders, é a estratégia que efetua as escolhas pertinentes aos modelos de negócios com os quais a empresa vai competir no mercado. Dessa maneira, a estratégia implica a concepção e redesenho de um modelo de negócio diante de contingências que podem interferir na sua implantação.

A seguir vamos detalhar as componentes e subcomponentes do campo destinado às escolhas do modelo de negócios segundo o framework VoC.

Recursos

Em um modelo de negócio, os recursos são os meios dos quais a empresa se vale para transformar seu insight sobre valor — ou, de acordo com Christensen (2008), o *job-to-be-done* — em um negócio lucrativo, sustentável e benéfico para além de suas próprias fronteiras. O emprego dos recursos permite a operacionalização do modelo. São os recursos que viabilizam as atividades que vão tornar concretas a oferta e a entrega de valor para o seu público-alvo.

Natureza dos recursos

Os recursos podem ser próprios ou de terceiros, adquiridos no mercado ou desenvolvidos internamente. De acordo com sua **natureza**, Barney *et al.*, (2011) geralmente os classifica como:

- físicos;
- financeiros;
- individuais; e
- organizacionais.

Os dois últimos podem ser agrupados sob a categoria "recursos humanos".

Entre os recursos físicos estão ativos como fábricas, pontos de venda, equipamentos e matéria-prima.

Já os recursos financeiros envolvem linhas de crédito e o dinheiro proveniente dos próprios empreendedores, dos acionistas ou de qualquer outra fonte.

Quanto aos recursos humanos, tanto a singularidade dos indivíduos quanto sua atuação em conjunto diferenciam a empresa e sua criação de valor. Para o CEO da IBM responsável pela retomada histórica entre os anos de 1993 e 2002, "no fim das contas, uma organização nada mais é do que a capacidade coletiva de suas pessoas em criar valor" (Gestner, 2002). Os recursos individuais são atributos ligados às capacidades de julgamento, visão, relacionamento, habilidades, experiência e treinamento de gestores e colaboradores. Por outro lado, os recursos organizacionais constituem atributo do grupo e são reconhecidos nos sistemas de planejamento e gestão, na cultura, reputação e expertise construída pela empresa. Estes fazem parte dos recursos que se desenvolvem interna e lentamente ao longo do tempo e conferem personalidade ao negócio.

Tipos de Recursos

Uma das perspectivas da Estratégia Organizacional — como campo de conhecimento — enfatiza os recursos da empresa como fonte de vantagem competitiva. Um exemplo clássico deste ponto de vista é a Visão Baseada em Recursos (VBR). Ela oferece um modelo de análise *inside-out* da estratégia — ou seja, a partir dos recursos e capacidades internas. Nesta visão, para que a empresa se diferencie na criação de valor, é preciso que seus recursos sejam valiosos, inimitáveis e não substituíveis — VRIN (Barney, 1991). Este é o **tipo** de recurso que, segundo a VBR, permite a exploração de oportunidades ou a neutralização de ameaças no ambiente organizacional.

Um caso interessante que retrata pontos relevantes de como a empresa explorou os recursos humanos, físicos e financeiros ao se deparar com a plantação de café coberta de pássaros Jacu — um pássaro típico da Mata Atlântica ameaçado de extinção —, é o café orgânico e biodinâmico super premium Jacu Bird, considerado o mais raro do Brasil.

A "praga" — que era vista como uma ameaça ao negócio — foi introduzida no processo de produção, transformando o café num produto raro e icônico. Mas para chegar a esse patamar, o proprietário Henrique Sloper enfrentou vários desafios, além de investir tempo em estudos, pesquisas e viagens (recursos físicos e financeiros) para conduzir os negócios. Sua paixão por vinhos e curiosidade o despertou para introduzir a técnica da biodinâmica no plantio do café (a mesma utilizada na produção de vinhos), trazendo mais um componente de diferenciação, enfatizando a visão dos recursos internos.

A agricultura biodinâmica é um sistema holístico de cultivo desenvolvido pelo filósofo alemão Rudolph Steiner na década de 1920. Os princípios biodinâmicos incluem uma abordagem agroflorestal que encoraja a biodiversidade máxima.

A produção acontece da seguinte maneira: o Jacu se alimenta dos melhores frutos e elimina os grãos ao pé das árvores, onde são colhidos manualmente. Na sequência, os grãos são extraídos à mão dos excrementos inodoros, lavados, descascados e armazenados para secagem por três meses em um terreno suspenso.

Ao longo do processo, o maior desafio relatado foi o de convencer os funcionários da fazenda a coletar as fezes do Jacu. O proprietário criou recompensas monetárias como uma apropriação do recurso financeiro para incentivar e estimular os trabalhadores a revirar os tocos das árvores. A iniciativa inteligente de explorar os recursos internos num processo complexo como o da colheita potencializou e reforçou os atributos de valor que classificam o Jacu Bird como um café especial pela Specialty Coffee Association for America – SCAA. Este café ocupa a terceira posição no ranking de cafés mais caros do mundo; com as particularidades de ser um café doce, encorpado, menos ácido do que o normalmente encontrado na região, com um sabor limpo, suave e cítrico, sem amarguras (Case Café FDC, 2018).

O café Kopi Luwak — fonte de inspiração para o café Jacu Bird e produzido na Ilha de Bali — está entre os quatro cafés mais caros do mundo. Dentre os recursos físicos apropriados, está a ajuda da civeta, um misto de gambá com gato-do-mato que come, processa e excreta os grãos. Já o café Blue Mountain se apropriou de outros recursos físicos característicos da região. Ele é colhido em altitudes que variam de 1.800 a 2.200 metros na cordilheira de Blue Mountain, na Jamaica. Isso o torna detentor do posto de um dos cafés gourmet mais populares do mundo.

Porém, não são apenas os recursos estratégicos — com características VRIN — capazes de diferenciar um modelo de negócio. É importante considerar ainda mais dois tipos: os comuns e os negativamente percebidos (Warnier *et al.*, 2013). Eles são mais democráticos em termos de acesso, estão disponíveis para as empresas e, dependendo do modelo de negócio, podem alavancar o desempenho.

A classificação desses tipos de recursos tem a ver com o seu valor percebido que, por sua vez, envolve a subjetividade de diferentes atores e mercados. Os recursos comuns são percebidos como neutros em sua relação com o desempenho — isto é, seu nível esperado de produtividade equivale ao seu custo de aquisição ou desenvolvimento. Por outro lado, os recursos negativamente percebidos, como o próprio nome sugere, contam com uma expectativa de produtividade inferior ao seu custo. Porém, ambos ampliam a visão tradicional de recursos que enfatiza os estratégicos que, embora percebidos como positivos em termos de desempenho e vantagem competitiva, são, por definição, raros e custosos.

Os recursos comuns constituem a base da produção e contribuem para que o negócio funcione. Isto não significa que não sejam valiosos, uma vez que sua ausência acarreta custos e destruição de valor. Eles se combinam, complementam ou dão suporte aos recursos estratégicos;

portanto, têm seu valor muito mais atrelado a esta capacidade do que em atributos intrínsecos. Geralmente, os recursos comuns são padronizados e facilmente encontrados no mercado.

Ancorar um modelo de negócio em recursos comuns tem como vantagem a facilidade de repeti-lo em novas unidades de negócio. Outra vantagem de se utilizar recursos comuns é favorecer a emergência de novos modelos de negócio (Warnier *et al.*, 2013).

O marketplace Mercado Livre é um exemplo interessante. Ele construiu um ecossistema ao redor de um recurso comum representado pelo contingente disponível de vendedores e compradores. Fundado na Argentina no fim dos anos 1990, o Mercado Livre se tornou a empresa mais valiosa da América Latina durante a pandemia em 2020 (www.cnnbrasil.com.br), e sempre foi um grande marketplace quando este conceito nem era muito discutido, unindo o volume existente e o potencial de pessoas querendo vender e comprar. O sucesso de atuar como ponte entre elementos disponíveis no mercado ao longo tempo conduziu a melhorias contínuas na experiência de compra que se transformaram em unidades de negócio: o Mercado Pago (fintech), o Mercado Envios, além da publicidade e *shops*. Neste caso, a atribuição de um papel central aos recursos comuns retira o negócio do oceano sangrento de competição pelos recursos estratégicos.

Os recursos negativamente percebidos, por sua vez, não são valorizados no mercado e podem ser até invisíveis para os negócios. A tendência das empresas é livrar-se deste tipo de recurso para evitar a geração de custos. Na verdade, para alguns, eles nem seriam considerados como recursos, mas há modelos de negócio que o percebem assim — o que seria descartado por um pode se tornar a matéria-prima de outro.

A startup Boomera, por exemplo, é certificada pelo Sistema B e se dedica à transformação de resíduos em novos produtos. Com uma metodologia própria de logística reversa para implementação da economia circular nas empresas, a Boomera reutiliza, recicla ou transforma o material de embalagens em matéria-prima para indústrias, varejo, cooperativas e consumidores. Dois tipos de resina podem ser criados a partir do recurso abundante e negativamente percebido presente no descarte: a primeira é o PCR, uma resina pós-consumo produzida com os plásticos que os consumidores descartam para a reciclagem; a outra é a resina pós-industrial, fabricada a partir do plástico presente em materiais e embalagens descartados pela indústria. As novas soluções criadas a partir destas matérias-primas — além de sustentáveis e circulares — ajudam as empresas a atenderem à Política Nacional de Resíduos Sólidos (PNRS).

Estes tipos de recursos tendem a ser subestimados, mas há modelos de negócios construídos justamente com base neles — uma provocação à mudança de perspectiva com relação à atribuição de valor aos recursos ou para com as fontes de criação de valor. A extensão do foco para recursos não estratégicos implica em um olhar criativo para a emergência de novos modelos de negócio ou novos usos dentro das empresas estabelecidas ou sua alquimia entre si e com os estratégicos.

Implica também uma leitura atenta do ambiente organizacional, pois a base de recursos é passível de mudanças ao longo do tempo, e o que é estratégico hoje pode ser comum amanhã. A competição assentada sobre recursos estratégicos deve levar em consideração o fato de que eles são custosos em termos de aquisição e manutenção.

Foco em diferentes tipos de recurso

Em sete anos de pesquisa sobre o tema, Fréry, Lecocq e Warnier — professores franceses da cidade de Lille — ouviram mais de setecentos CEOs sobre seus processos de desenvolvimento de estratégia, a fim de identificar o papel desempenhado por diferentes tipos de recursos (Fréry & Warnier, 2015). Seus resultados mostraram que a construção de novos modelos de negócio pode alavancar diferentes recursos comuns disponíveis. A exploração massiva de recursos comuns por meio de uma plataforma, por exemplo, é capaz de superar o valor de ativos estratégicos.

Foi assim que os autores questionaram a relevância do foco tradicional nos recursos estratégicos — caros e escassos por natureza. Além disso, nas palavras dos autores "a persistência excessiva na exploração de recursos raros pode ser um obstáculo à inovação. Se a posse de recursos específicos for a explicação final para o sucesso, a inovação coloca um problema: ideias disruptivas e processos inovadores podem ameaçar anos de acúmulo paciente de talentos e ativos". A tabela a seguir compara o foco nos recursos estratégicos e comuns (Fréry & Warnier, 2015).

	BM com foco em recursos estratégicos	Abundante (disponíveis ou descartados)
Disponibilidade dos recursos	Escassa (únicos e protegidos)	Abundante (disponíveis ou descartados)
Relação com os recursos	Propriedade/proteção	Compartilhamento/ acesso
Percepção de valor pela maior parte das empresas	Alto valor	Valor mais baixo
Custo de aquisição	Alto	Baixo

Quadro 3: Recursos Estratégicos
Fonte: Fréry & Warnier (2015)

Contudo, uma coisa são os recursos, outra a percepção de seus atributos, e ainda outra, a ação sobre eles.

Em seu livro *A Teoria do Crescimento da Firma* — lançado no final da década de 1950 —, a economista Edith Penrose oferece insights válidos e atuais para entender o papel dos recursos em um modelo de negócio (Demil, 2010).

Uma vez combinados, os recursos têm a capacidade de gerar serviços produtivos que, segundo a economista, representam o recurso em uso e são estes serviços — e não os recursos em si — os *inputs* do processo produtivo. As competências, capacidades e conhecimentos desenvolvidos pela empresa são exemplos de serviços produtivos, pois refletem a interação entre os diferentes recursos existentes. Em síntese, os serviços produtivos são as capacidades geradas pela união de recursos disponíveis dentro das organizações. Esta combinação promove a criação de vantagens competitivas na organização, que por fim pode ser ofertada em seus produtos ou serviços.

Fazer esta distinção entre os recursos e os serviços produtivos gerados por eles significa não se concentrar em deter os melhores recursos, mas em conhecer bem o seu desempenho produtivo combinado (Warnier & Lecocq, 2013). Por isso, a mera posse de recursos não é tão importante quanto os serviços produtivos que seu uso e combinação podem oferecer.

E estes, por sua vez, dependem da capacidade de gestão e de seu estoque de conhecimento e aprendizado — pois uma coisa são os recursos, outra é saber como empregá-los. Uma vez mais, para Penrose, a organização é um conjunto de recursos que se traduzem em serviços produtivos mobilizados, organizados e articulados pela capacidade de gestão e, então, incorporados pelas atividades operacionais.

Aqui, é importante a distinção entre duas capacidades da gestão: as operacionais e as empreendedoras. A primeira lida com os serviços produtivos envolvidos na rotina contínua da empresa, apoiando a exploração dos recursos e aprofundando o aprendizado que deriva destas ações. As capacidades empreendedoras de gestão, por sua vez, são responsáveis por elaborar combinações únicas ou novas dos recursos existentes, desenvolver ou adquirir novos recursos, criando novas oportunidades de propor ou ofertar valor.

A plataforma IOUU é um bom exemplo disso. A empresa — comprometida com a democratização das finanças e com o fornecimento de acesso mais simples, rápido e barato aos serviços financeiros — desenvolveu formas éticas e responsáveis para oferecer mais valor e melhores oportunidades aos clientes. Como? Pelo uso da modalidade de empréstimo *peer-to-peer*, que significa de ponta a ponta e ocorre sem a intermediação de um banco, com a ausência das altas taxas cobradas pelos meios tradicionais (e-book, iImpact, 2020).

A combinação entre tecnologia e gestão inteligente dos recursos conecta empresas e pessoas à procura de crédito com investidores e instituições com dinheiro para emprestar. A plataforma constrói relacionamentos e ajuda os clientes a terem acesso a melhores créditos por meio da inclusão financeira. A gestão operacional do uso de inteligência artificial e de ferramentas de *psychology scoring*, aliadas ao conhecimento e à capacidade empreendedora de gestão, gera oportunidades de acesso a melhores créditos e maior conveniência para os serviços bancários digitais. Os consumidores são micro e pequenas empresas, além de pessoas físicas que são beneficiadas com taxa de juros menor do que o mercado. Isso tudo contribui para a distribuição de renda e o impacto social.

Seguindo a linha do empreendedorismo, a startup equatoriana GoRaymi, criou um modelo de negócio digital com o foco no turismo. Com a chegada da COVID-19, a indústria do turismo equatoriana entrou em uma grave depressão, acentuada pelo fechamento das fronteiras. Como consequência houve uma desaceleração do turismo, com a imposição de novos hábitos de vida no mundo.

A solução desenvolvida oferece uma plataforma colaborativa de cadastramento digital para que pequenas populações possam se posicionar na internet como destino turístico por conta própria. A metodologia — desenvolvida com a colaboração de governos locais — oferece cursos virtuais e presenciais que visam potencializar os processos de promoção e marketing das ofertas apresentadas.

No novo cenário — que valoriza o aspecto responsável e consciente — o turista busca experiências no meio rural. Com a aceleração da transformação digital, a GoRaymi foi impulsionada pelos gestores do turismo no Equador, como uma oportunidade para prosperar.

A principal mudança social após a chegada da GoRaymi foi o impacto considerável na diminuição do percentual de gestores que recebiam baixa renda. Embora os números sejam positivos, a reativação do turismo prevista para o ano seguinte servirá para reavaliar a nova realidade, visto que a primeira análise de dados foi realizada de outubro de 2019 a fevereiro de 2020, em plena pandemia.

Vale destacar que, mesmo num período de crise, os resultados foram alcançados em um país em desenvolvimento, com altos índices de analfabetismo digital, com pouca penetração da internet e graves deficiências de conectividade nas áreas rurais.

> "E, mais do que tudo, num país que não está muito bem posicionado no concerto turístico mundial, o que implica que — se mantidos os indicadores apresentados — o modelo de negócio desenvolvido poderá ser replicado com sucesso noutros países do continente", conclui o CMO da startup, Diego Lopez (e-book, iImpact, 2021).

O modelo GoRaymi resgata a cultura e a história de matriarcas que também são responsáveis pelo desenvolvimento turístico de suas cidades. As tradições são transformadas pelo empreendedorismo feminino, que assume um papel de liderança importante nas decisões tomadas no planejamento do desenvolvimento turístico; o que garante emprego descente e crescimento (Goraymi.com, 2021).

Já são mais de mil pequenos atores do turismo localizados em 170 pequenos municípios beneficiados. A GoRaymi.com está no TOP 5 do ranking de páginas oficiais de turismo do continente americano e lidera o ranking de promoção do Equador.

AUTODIAGNÓSTICO

ESCOLHAS		
CATEGORIA	**SUBCATEGORIA**	**DESCRIÇÃO**
RECURSOS: São os meios dos quais a empresa se vale para transformar seu insight sobre valor em um negócio lucrativo. Eles viabilizam as atividades que materializarão a oferta e a entrega de valor para o cliente.	FÍSICOS	Compreendem ativos como fábricas, pontos de venda, equipamentos, matéria-prima etc.
	HUMANOS	Como recurso, tanto a singularidade dos indivíduos quanto sua atuação em conjunto diferenciam a empresa e sua criação de valor.
	FINANCEIROS	São aqueles que envolvem linhas de crédito, dinheiro proveniente dos empreendedores, acionistas ou outra fonte.

Figura 20: Mandala subcategoria – Recursos
Fonte: Elaborado pelos autores

A pergunta central da análise dos recursos do seu modelo de negócio é: quais são os principais recursos que compõem a oferta de valor do meu negócio?

Perceba que o destaque é dado aos recursos principais — ou seja, somente aqueles essenciais para construção e entrega da oferta de valor. Portanto, não é preciso fazer uma lista detalhada e exaustiva de todos os recursos do negócio. Porém, não se limite a fazer uma lista de recursos, mas reflita sobre seu papel no negócio.

Então, lembre-se de que os recursos **são os meios que a empresa utiliza para transformar suas ideias em um negócio lucrativo e que eles possibilitam a realização das atividades da oferta e da entrega de valor para o cliente**. Vamos dividi-los em físicos, humanos e financeiros.

As afirmações a seguir se referem à **captação**, **desenvolvimento** e **uso** dos recursos de seu modelo de negócio em cada um dos subcomponentes físicos, humanos e financeiros. Em uma escala de 1 a 10, por favor, indique o quanto cada afirmativa reflete o momento atual de seu modelo de negócio.

RECURSOS:

AFIRMAÇÃO	NOTA
1. Meu negócio possui os recursos físicos de que precisa para criar e entregar a oferta de valor (bens e serviços).	
2. Meu negócio consegue mobilizar as parcerias necessárias para compor a base de recursos físicos de que precisa para criar e entregar a oferta de valor (bens e serviços).	

▷

AFIRMAÇÃO	NOTA
3. A utilização dos recursos físicos está alinhada com a criação e entrega da oferta de valor em meu negócio (bens e serviços).	
4. Meu negócio consegue atrair e reter os recursos humanos de que precisa para criar e entregar a oferta de valor (bens e serviços).	
5. Meu negócio consegue desenvolver internamente os recursos humanos de que precisa para criar e entregar a oferta de valor (bens e serviços).	
6. O emprego dos recursos humanos está alinhado com a criação e entrega da oferta de valor em meu negócio (bens e serviços).	
7. Meu negócio possui os recursos financeiros de que precisa para criar e entregar a oferta de valor (bens e serviços).	
8. Meu negócio consegue captar os recursos financeiros necessários de que precisa para criar e entregar a oferta de valor (bens e serviços).	
9. O uso dos recursos financeiros está alinhado com a criação e entrega da oferta de valor (bens e serviços) em meu negócio.	

Atividades

As atividades de um negócio representam todos os conjuntos de tarefas necessárias ao seu funcionamento, manutenção, cumprimento de seu propósito e crescimento. Elas são um nível intermediário de análise em relação às tarefas e aos processos que compõem a operação. A Figura 22 demonstra a relação de interdependência entre tarefas, atividades e processos — saindo do centro para a extremidade ou maior raio associado aos processos. O que se pretende aqui é demonstrar que os processos existentes dentro de uma organização são resultantes de tarefas e atividades em camadas inferiores e de sustentação. Assim sendo, nossa subcategoria "Atividade" — nesta parte do livro — tende a caracterizar essa interdependência para o centro e para o lado mais externo da Figura 21.

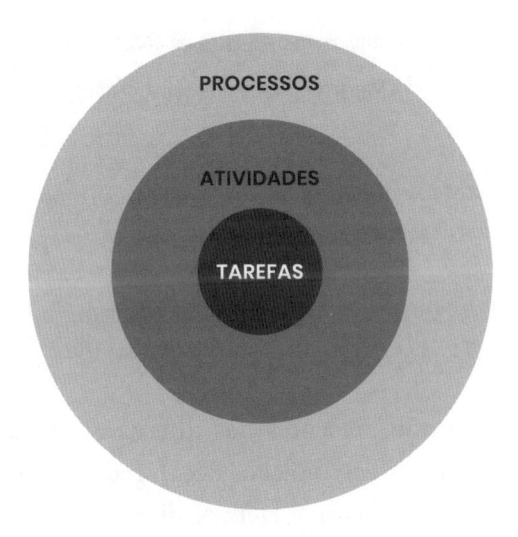

Figura 21: Camadas de interdependências
Fonte: Elaborado pelos autores

Nem sempre as fronteiras entre tarefas e atividades são facilmente distinguidas e, por isso, estes termos costumam ser usados de maneira intercambiável no cotidiano. É útil pensar nas tarefas como o passo a passo detalhado que, encadeado, conduz à realização de uma atividade. Dessa forma, o conceito de atividade ganha abrangência. É como se as tarefas fossem um foco *zoom in* na operação; e a atividade, um ajuste mais amplo da lente de observação.

Veja no Quadro 4 a seguir, alguns exemplos de atividades que compõem diferentes áreas do M-Pesa, fintech da Vodafone e pioneira no serviço de pagamento digital para a população africana do Quênia.

ÁREA	ATIVIDADES
Desenvolvimento e suporte de produto	- Determinação das necessidades dos clientes; - Estabelecimento de novos serviços; - Avaliação contínua da qualidade do serviço; e - Busca e trabalho com parceiros e colaboradores.
Serviço ao consumidor	- Aquisição e registro de consumidores; e - Suporte prático aos consumidores.
Gestão da rede de agentes	- Recrutamento de agentes; - Treinamento de agentes; e - Acompanhamento de agentes.

Quadro 4: Áreas e tipos de atividade
Fonte: Adaptado de Lashitew, Tulder e Muche (2020)

As atividades estão presentes nas diferentes áreas como: produção, marketing, vendas, distribuição, P&D, recursos humanos, finanças e controle. Portanto, elas envolvem os diversos recursos do negócio, combinando — de maneira funcional — os ativos, capital, habilidades, competências, capacidades e tecnologia disponíveis.

As atividades interagem entre si não só com vistas à eficácia operacional (execução de atividades semelhantes às dos concorrentes, porém de forma melhor), mas também à vantagem competitiva e executar, estrategicamente, uma configuração de atividades diferente do concorrente (Porter, 2008). Neste ponto, vale recordar a visão de Porter (1996) em que compartilha sua particular interpretação de estratégia como sendo uma resultante de um sistema que aglutina ou determina um conjunto de atividades de forma única e que permite posicionar uma organização dentro de uma cadeia produtiva, possibilitando, assim, obter uma vantagem competitiva que alcança uma rentabilidade superior quando comparada com seus concorrentes diretos, em uma visão de longo prazo.

A forma pela qual as atividades são executadas depende do contexto e da estratégia que a empresa esteja perseguindo. É possível competir no mercado por meio dos atributos dos produtos e serviços oferecidos ao público-alvo, mas também por meio de diferentes atividades envolvidas em sua criação e entrega.

Ainda segundo Porter (1996), deve-se dar atenção ao fato de que as empresas têm de ser flexíveis para responder rapidamente às alterações competitivas do mercado. Segundo ele, faz-se necessário que as empresas se comparem com os seus concorrentes (benchmarking) para obter maior efetividade e evoluir continuamente. O autor também destaca a importância de considerar nas empresas o desenvolvimento de competências centrais [em inglês, *core competences*] para que elas possam se manter à frente dos concorrentes.

Para ilustrar a competição baseada nas caraterísticas do produto e nas atividades do modelo de negócios, temos o caso da HotShot. A ideia do café quente vendido em latas nasceu no Japão em 1965, lançada pela Mira Coffee. Essa primeira marca não obteve muito sucesso. Quatro anos mais tarde, em 1969, a UCC Ueshima Coffee — a quem se credita muitas vezes a invenção do café vendido em latas — introduziu seu produto no mercado de massa.

Uma tecnologia embutida permite que, ao se pressionar um botão vermelho na base da lata e aguardar por três minutos, o café esteja quente e pronto para beber. O botão dispara uma reação química entre água e calcário que é capaz de gerar calor. Por fora, a lata com revestimento reforçado não queima as mãos do consumidor, sendo que apenas a bebida fica morna. A Nestlé — gigante do setor alimentício — também apostou no mercado de café em latas. Em maio de 2001, a empresa anunciou o lançamento do seu café em lata, "*Nestlé's 'new hot when you want' coffee*" [Novo Café da Nestlé quente quando você quiser, em tradução livre] no mercado britânico. A tecnologia utilizada para aquecer o produto era a mesma empregada no café japonês — bastaria pressionar um botão na base da lata e esperar por três minutos para que o café fosse aquecido por meio de uma reação química.

Em agosto de 2002, entretanto, a empresa anunciou a descontinuação do produto. A empresa tinha investido £5 milhões no desenvolvimento da lata e £10 milhões em campanhas de marketing para o lançamento. Jon Walsh, Diretor de Marketing da companhia, admitiu que houve dois erros graves.

O primeiro deles foi que os clientes teriam ficado desapontados ao abrir uma lata de 330ml e encontrar apenas 210ml da bebida lá dentro — mesmo que esta informação estivesse indicada claramente no rótulo. O segundo — e mais grave — problema era que a bebida não ficava quente o suficiente nos períodos mais frios do ano. Muitos consumidores passaram a se referir ao produto como "*warm when you want*" [morno quando você quiser, em tradução livre]. A penetração do produto chegou a alcançar 15% nas primeiras vendas, mas logo caiu quando os clientes não se dispuseram a fazer a segunda compra.

Outro exemplo de alocação de recursos e a forma como são executadas as atividades é na IBM Watson — sistema baseado na computação cognitiva que abre as portas para uma nova parceria entre pessoas e computadores. Esta tecnologia acessa a vasta base de dados existente e busca oferecer uma resposta adequada ao uso, proporcionando uma experiência de interação em linguagem natural, e se reconstruindo por meio da capacidade de aprendizado. É isto que diferencia o sistema cognitivo dos tradicionais. Aqui as atividades estão presentes nas diferentes áreas envolvendo vários recursos do negócio, combinando os ativos, capital, habilidades, competências, capacidades e tecnologia disponíveis.

Estrategicamente, a IBM tem usado esta capacidade do Watson nas soluções de tecnologia oferecidas aos seus parceiros de negócios. Ela também vislumbrou a oportunidade de oferecer a tecnologia Watson para que os desenvolvedores criem suas próprias aplicações. Uma das maneiras encontradas pela empresa é o uso da plataforma Bluemix, criada para que os desenvolvedores possam explorar o potencial do Watson. Nela, é possível criar uma conta gratuitamente e ter acesso às funções cognitivas realizadas pelas APIs (*Application Programming Interface*) do Watson e outras tecnologias IBM.

Com este modelo de atuação, a IBM busca o alinhamento de seus recursos e capacidades internas — provenientes da tecnologia e da expertise de sua equipe desenvolvida ao longo do tempo — com as demandas atuais e futuras de seus parceiros e clientes. A ideia é que as parcerias (co)criem valor interna e externamente. Isto permite que a empresa e seus parceiros combinem e explorem vantagens de curto e longo prazos para estimar o alcance das possibilidades de colaboração entre as capacidades do sistema cognitivo e as habilidades singulares do ser humano, criando uma vantagem competitiva perante o concorrente (case FDC — Watson, 2018).

No Brasil, a tecnologia Watson já conta com diferentes aplicações. O Fleury Medicina e Saúde foi o primeiro parceiro da IBM Watson Health na América Latina. Na indústria farmacêutica, o *Watson for Drug Discovery* teve sua primeira utilização na América Latina com a empresa TheraSkin. No setor financeiro, o Bradesco utiliza o Watson no atendimento aos clientes. E a parceria com a MRV Engenharia resultou no aplicativo "Meu MRV", uma ferramenta inédita no setor.

Tipos de atividades e suas interações

As atividades podem ser genéricas ou estratégicas (Porter, 2008). As primeiras são aquelas que beneficiam a todas as empresas e não constituem fonte de vantagem competitiva duradoura. Uma vez que podem ser facilmente adotadas pelos competidores, elas são difundidas rapidamente e se aplicam a diferentes cenários. Contudo, sem as atividades genéricas, a empresa se coloca em situação de desvantagem por não desempenhar as boas práticas existentes no mercado. A busca e desenvolvimento das atividades genéricas pode ser importante para a eficácia operacional, mas pode não ser suficiente para o aumento da lucratividade de maneira sustentável. Já as atividades estratégicas são elaboradas sob medida de acordo com algum posicionamento estratégico da empresa. Dessa forma, elas são mais benéficas para a empresa do que para seus competidores — pois foram construídas dentro de um contexto, propósito e configuração particulares.

A trajetória da Lojas Renner (LR) é um exemplo de negócio que se aplica em diferentes cenários. Suas atividades iniciaram em 1922 pela A. J. Renner & Cia — grupo industrial que passou por mudanças, ampliações e crescimento ao longo dos anos. A Lojas Renner foi separada do grupo em 1965, em decorrência do seu crescimento e evolução. Porém, a onda de crescimento foi interrompida pela transição familiar, pelo aumento da concorrência com a entrada da C&A e pelo momento econômico. Este insucesso — demonstrado pelos indicadores e percebido pelos gestores — fez com que a gestão fosse reformulada no início dos anos 90, quando foi implementado um extenso programa de redução de despesas e de melhor aproveitamento de recursos organizacionais e suas atividades.

Uma das primeiras reestruturações realizadas teve como base os quatro componentes de marketing (4 Ps – produto, preço, ponto de venda e promoção). Em seguida, houve um trabalho para ajustar a situação de lojas despadronizadas, operação de venda inapropriada, falta de posicionamento mercadológico e falta de foco. Esse momento foi marcado por grandes mudanças no modelo de gestão adotado pela LR: os produtos passaram a ser expostos ao acesso direto dos clientes, não havia mais vendedores e sim repositores de mercadoria, o pagamento e a entrega de mercadoria eram feitos em um único local pelo mesmo profissional, o processo de registro de venda foi automatizado com leitores de código de barra e foram criadas alianças estratégicas com fornecedores (case FDC – Lojas Renner, 2018).

Ainda para enfrentar a concorrência, o controle acionário foi vendido para a loja de departamento americana JCPenney. Na sequência, ela adquiriu novos negócios e fragmentou as lojas em grupos de clientes com o mesmo perfil e tentou direcionar melhor seus produtos aos clientes específicos — uma vez que cada unidade passou a receber os produtos que mais vendiam. Abriu uma loja no Uruguai para testar seu modelo de negócios, adotou o conceito de economia circular e atualizou a plataforma de e-commerce. Fica claro o alinhamento e o atendimento às expectativas e desejos dos stakeholders pela integração e complementaridade das atividades genéricas ao culminar as práticas internacionais com a manutenção das características regionais, favorecendo a estruturação e operacionalização de um novo modelo de negócios.

Em contrapartida, a empresa TS Studio — marca criada pela conhecida trajetória nacional e internacional de Tereza Santos — surgiu mediante um convite da empresa Líder Táxi Aéreo para que ela produzisse seus uniformes. Pelo reconhecimento da expertise criativa e do estilo com que Terezinha (como é conhecida na indústria da Moda) havia criado a Patachou — grife que marcou gerações no Brasil, com presença na Galeries Lafayette de Paris — a Líder queria que os uniformes de sua companhia tivessem este mesmo toque. Tereza acreditava que o setor de confecção de uniformes corporativos podia ser explorado em termos de qualidade, funcionalidade e estilo. A partir de então, criou o TS Studio com uma nova proposta de valor que agrega os recursos e competências adquiridas em toda sua trajetória, porém com um posicionamento distinto — passando do B2C para o B2B.

O TS Studio começou a se apresentar para o mercado de varejo e franquias por entender que o uniforme para este segmento seria mais valorizado em termos de design em função da importância da visibilidade do funcionário perante o cliente final da empresa. A empresa começou apenas com a criação. O projeto criativo e gráfico era vendido e as confecções o executavam. Embora o TS Studio aprovasse as peças-piloto e acompanhasse a produção por intermédio de seus parceiros, ela não atendia o cliente diretamente. Foi nesse momento que a empresa vislumbrou a oportunidade de se manter no seu propósito e passou a atender o cliente diretamente — do projeto gráfico à entrega final das peças.

Atualmente, o cliente pode até mudar de fornecedor sem precisar ir para o mercado lançar uma concorrência, pois é o TS Studio que executa este serviço, avançando na cadeia produtiva e assumindo esta parte da relação. Nessa configuração particular, a empresa também implementou o e-commerce de uniformes dentro dos confeccionistas parceiros para gerir os pedidos — agregando mais uma atividade para o negócio. E não parou por aí. Ela também se projetou no mercado de gestão de fornecedores e da produção, executando mais uma atividade benéfica para o negócio: assessoria e gestão. Como exemplo, o Burger King e a Leroy Merlin — clientes do TS Studio — que já possuem o uniforme padrão desenvolvido que é o mesmo em qualquer lugar do mundo. No entanto, necessitam do gerenciamento da produção e da assessoria, pois seu uniforme deve ser "tropicalizado" sem perder as características originais.

As particularidades e a essência do TS Studio confirmam que a criação de valor de um modelo de negócio não é algo estático. É um processo dinâmico de ajustes contínuos que segue a leitura do ambiente externo e o remanejamento de seus recursos e de suas capacidades internas para poder atendê-lo, sem se distanciar do posicionamento.

As interações entre as atividades podem classificá-las como substitutas ou complementares. As atividades são substitutas quando o aumento do investimento em uma diminui o benefício marginal da outra. Por outro lado, se o investimento em uma atividade aumentar o benefício marginal do investimento em outra, estas atividades serão complementares.

Embora as atividades possam parecer claras à primeira vista, na perspectiva de seu competidor nem sempre as interações entre elas são evidentes — e é exatamente isso que pode servir de barreira à imitação. Isto acontece porque as interações entre as atividades envolvem o conhecimento do sistema completo, e não a mera replicação de atividades individuais.

Na perspectiva do posicionamento estratégico, a sequência de atividades — da produção ao suporte — é chamada de cadeia de valor. Sua análise procura identificar as conexões entre as atividades da empresa e de seus múltiplos stakeholders (fornecedores, distribuidores e clientes), pois estas interconexões afetam a criação de valor.

No ambiente digital, o chamado *last mile* — que representa o trajeto final de uma compra online — tem se mostrado uma aposta do varejo para se diferenciar em relação às novas necessidades dos consumidores, sejam pontuais ou recorrentes. A grande aposta é de que a experiência do cliente seja conveniente e completa mesmo após o clique no site ou aplicativo, e que supere alguns dos maiores motivos de insatisfação daqueles que optam pelo e-commerce: o prazo de entrega e o valor do frete. Neste contexto, citaremos exemplos relacionados à experiência do cliente, o impacto social e ambiental promovido pelas atividades e modelos de negócios.

O mercado internacional de *e-grocery* e supermercados já experimenta um leque de modalidades de *last mile*, promovendo novas experiências para os seus clientes no momento das compras do mercado. As grandes redes americanas já desenvolveram mecanismos de *last mile* para suprir as demandas de entregas convenientes e rápidas de seus clientes digitais. O Walmart, por exemplo, disponibiliza o serviço de Grocery Pickups, em que o cliente faz suas compras pela internet e pode retirá-las no estacionamento das lojas em até uma hora após o cadastro da lista de compras. A estratégia do Walmart é utilizar sua grande rede de lojas como pequenos centros de atendimento e distribuição, evitando custos das entregas em domicílio — permitindo ao cliente a retirada dos produtos no horário em que possui disponibilidade.

Outras iniciativas anunciadas pelo Walmart são as parcerias com motoristas independentes para entrega de alimentos frescos — o Spark Delivery —, e realização da entrega de alimentos em domicílio, mesmo se o cliente não estiver em casa, com o apoio de câmeras de segurança para monitoramento a distância pelo cliente. O Walmart também divulgou testes para a retirada de produtos nas lojas utilizando carros autônomos para levar o cliente até a loja e de volta à sua casa. A parceria foi firmada com a Google, utilizando o Waymo — o projeto de carro autônomo da empresa.

Outra gigante do varejo, a Amazon, também promoveu recentemente alterações na estrutura do negócio, que já contava com um ambiente de compras online e entrega de alimentos há mais de dez anos — mais precisamente desde o lançamento do serviço Amazon Fresh. A empresa também possui uma modalidade de *last mile* denominada Amazon Locker, que são estações de entrega normalmente localizadas em áreas periféricas ou aeroportos ao redor das grandes cidades (as estações também estão em lojas de conveniência, mercearias e shoppings). As estações recebem e embalam pedidos de alimentos e entregam diretamente aos clientes, no mesmo dia. A modalidade pode ser utilizada para qualquer artigo comprado pela Amazon, incluindo alimentos.

Mesmo com as opções de *last mile* existentes, a Amazon identificou lacunas nos serviços oferecidos, sobretudo quanto ao número de cidades americanas atendidas. Na busca pela redução dessa lacuna, a empresa adquiriu, em 2017, a Whole Foods, um player expressivo do mercado de alimentos frescos e orgânicos. Com essa aquisição, a Amazon modifica seu posicionamento na cadeia de distribuição, criando uma logística integrada que une as lojas físicas e os centros de distribuição. Segundo o Jornal Barron's, a compra da Whole Foods capacita a Amazon a entregar alimentos a 70% dos americanos em até uma hora. Pouco mais de um ano após a aquisição da Whole Foods pela Amazon, já é possível identificar mudanças na experiência dos clientes dessas empresas. Segmentos de clientes Amazon já recebem descontos nas lojas Whole Foods e contam com entrega grátis de suas compras.

Analisar a cadeia de valor ajuda a entender quais atividades são estratégicas e representam as fontes de criação de valor e diferencial no negócio. Cada etapa da cadeia deve agregar valor ao que ela oferece no final — seja um bem ou serviço.

Com foco principal na ODS 11 (Cidades e Comunidades Sustentáveis), a startup argentina AgroJusto facilita e efetiva a comercialização de alimentos nas três esferas: setor produtivo (produtores locais individuais e cooperativas produtivas); comerciantes (cooperativas, como empresas do ramo alimentício - varejo) e consumidores finais.

Para viabilizar essas relações, a solução traz uma plataforma digital — o AgroJusto 2.0 — que conecta o mercado de alimentos de maneira inteligente. O software fornece informações sobre o estoque de todos os produtores envolvidos. Dessa forma, tanto os produtores podem acessar mercados atacadistas que exigem um maior volume de vendas, quanto os consumidores conseguem saber preços de mercado e realizar, por exemplo, transações em tempo real. Em resultados numéricos, a startup já proporcionou a redução de 20% nos custos de intermediação para atores da cadeia de abastecimento; 30% de melhoria na lucratividade; aumento de 10% a 40% no melhor acesso ao mercado para cooperativas, pequenos produtores e pequenas empresas digitalizadas; dentre outros resultados relevantes. A startup também oferece capacitação, treinamento e ferramentas para apoiar os produtores e empreendedores no crescimento de seu negócio (e-book, iImpact, 2021).

Outro benefício observado foi o tempo de colheita. A entrega dos produtos foi reduzida, impactando no diferencial da qualidade das safras — fator atualmente procurado pelos consumidores. A promoção da formação de mulheres rurais, abertura a novos mercados para produtores, aumento do trabalho com marcas sustentáveis e oferta para clientes são algumas das oportunidades geradas pela solução tecnológica, que atua com múltiplos stakeholders. A plataforma já conta com 3.500 produtos carregados; 270 produtores cadastrados e mais de 460 organizações cadastradas. A marca de mil pedidos já foi atingida e foi obtido um aumento significativo no acesso ao mercado para cooperativas.

Atividades no Modelo de Negócio

Como as empresas criam e entregam valor por meio de diversas interações entre inúmeras atividades, é preciso destacar as principais para a análise do modelo de negócio. É importante que elas estejam alinhadas com a concepção de valor por parte do cliente. Além disso, também se deve olhar para o negócio para além de suas próprias fronteiras, levando em conta as atividades que são executadas por seus stakeholders, o que é valor para eles e como contribuem na criação de valor — afinal o negócio faz parte de um sistema maior de valor.

Um dos artigos mais influentes na literatura sobre modelos de negócio destaca a importância de analisar o Sistema de Atividades [em inglês, *Activity System*]. Este é o conjunto de atividades geradoras de valor interdependentes e não necessariamente coordenadas e executadas interiormente, mas por outros atores parceiros, fornecedores e consumidores (Zott, 2010).

Esta análise envolve dois parâmetros: a arquitetura do sistema de atividades e as fontes de criação de valor dentro do sistema — sendo cada um subdividido conforme o quadro a seguir.

1. Design do sistema de atividades	**Conteúdo:** quais são (ou devem ser) as atividades desempenhadas?	
	Estrutura: como estas atividades estão (ou devem estar) interconectadas ou sequenciadas?	
	Governança: Quem é (ou deve ser) responsável pelas atividades?	
2. Drivers de criação de valor no sistema de atividades	**Novidade:** introdução de novo conteúdo, estrutura ou governança nas atividades do modelo de negócio.	
	Lock-in: mecanismos de retenção dos stakeholders no modelo de negócio.	
	Complementaridades: agrupamento de atividades para geração de mais valor.	
	Eficiência: reorganização das atividades para redução dos custos de transação.	

Quadro 5: Design do Sistema de Atividades
Fonte: Adaptado de Zott e Amit (2010)

A análise das atividades de um modelo de negócio não se limita a listá-las (conteúdo), mas a refletir na conexão entre elas — pois sem a estrutura não podemos falar em um sistema articulado e coerente para criação de valor. No entanto, identificar a estrutura também não seria suficiente sem a governança, o reconhecimento e a gestão do papel de cada ator da rede de valor no sistema de atividades. Toda esta arquitetura que se desenrola dentro e fora das fronteiras da empresa para cumprir seu objetivo é a essência do modelo de negócio; é ela que demonstra como a empresa está inserida em seu ecossistema (Zott & Amit, 2010).

É o sistema de atividades que vai engajar os recursos necessários ao desenvolvimento e entrega da oferta de valor. E o fará orientado pelas fontes de criação de valor mais adequadas ao negócio. Embora o sistema de atividades seja centrado na empresa, ele inclui atividades conduzidas por seus stakeholders externos destinadas a criar valor. Além desta cocriação de valor, o sistema de atividades — por meio dos mecanismos de monetização do modelo — também capacita a empresa a capturar parte do valor criado na oferta de bens e serviços.

Assim, é importante identificar não apenas as atividades principais (diferentes níveis de agregação), mas também os stakeholders mais relevantes que contribuem ou são afetados pela criação de valor.

AUTODIAGNÓSTICO

ESCOLHAS		
CATEGORIA	SUBCATEGORIA	DESCRIÇÃO
ATIVIDADES: São um conjunto interdependente de tarefas, **mas também** por outros atores (parceiros, fornecedores, consumidores) para "cocriar valor".	CONTEÚDO	As atividades desempenhadas são coerentes com os objetivos do negócio.
	ESTRUTURA	Como as atividades estão ou devem estar interconectadas ou sequenciadas para a eficácia operacional e vantagem competitiva.
	GOVERNANÇA	Quem é (ou deve ser) responsável que irá coordenar as atividades para conciliar o interesse dos stakeholders internos/externos a fim de cocriar valor.

Figura 22: Mandala subcategoria – Atividades
Fonte: Elaborado pelos autores

Quais são as principais atividades que contribuem para a geração de valor da sua empresa? Lembre-se de que as atividades **são o conjunto de tarefas interdependentes coordenadas e executadas internamente, mas também por outros atores (parceiros, fornecedores, consumidores) para cocriar valor.** Vamos dividi-las em três partes: conteúdo (o que é feito), estrutura (como é feito) e governança (quem é responsável).

As atividades listadas no questionário a seguir se referem ao **conteúdo** (o que é feito), **estrutura** (como é feito) e **governança** (quem é o responsável) das atividades do seu modelo de negócio. Em uma escala **de 1 a 10**, indique o quanto cada afirmativa reflete o momento atual vivido por seu modelo de negócio.

AFIRMAÇÃO	NOTA
1. O conteúdo das atividades executadas está alinhado e é coerente com a criação e entrega da oferta de valor (bens e serviços).	
2. As atividades executadas combinam e engajam os recursos necessários de maneira eficiente para a criação e entrega da oferta de valor (bens e serviços).	
3. As atividades executadas são claras e bem definidas entre os parceiros-chave (empregados e terceirizados) envolvidos na construção da oferta de valor (bens e serviços).	
4. A estrutura do sistema de atividades (sequenciamento e interconexão) conduz à eficácia operacional, isto é, executamos atividades semelhantes às dos concorrentes, porém de forma melhor.	

AFIRMAÇÃO	NOTA
5. A estrutura do sistema de atividades (sequenciamento e interconexão) conduz à vantagem competitiva, isto é, executamos uma configuração de atividades diferente da dos concorrentes.	
6. As atividades do meu negócio são interdependentes e reforçam umas às outras para criar e entregar a oferta de valor (bens e serviços).	
7. A governança do sistema de atividades consegue conciliar os interesses de diversos stakeholders (internos e externos) para cocriar valor.	
8. A governança do sistema de atividades deixa claras as atribuições e responsabilidades de líderes e gestores de equipes com o objetivo de produzir a melhor oferta de valor.	
9. As atividades exercidas são regidas por um modelo de governança que é capaz de coordenar todos os atores responsáveis pela construção da oferta de valor (bens e serviços).	

Posicionamento

Para compor sua oferta de valor, o olhar do negócio precisa se mover constantemente em duas direções: "de dentro para fora" e de "fora para dentro". O primeiro é representado pela análise dos recursos que serão mobilizados para a criação e entrega da oferta de valor. Embora os recursos possam envolver stakeholders externos, consideramos que o olhar sobre eles é "de dentro para fora" porque o movimento se concentra na empresa em relação à sua capacidade de providenciar os ativos necessários para colocar ou manter o negócio em funcionamento.

A segunda direção é "de fora para dentro" — este olhar é orientado pelo posicionamento. Ele reflete as escolhas feitas em relação ao ambiente externo em termos de oportunidades do mercado, competitividade, monetização e tudo o que diz respeito ao relacionamento com o público-alvo.

Este é um olhar na direção do mercado, com o objetivo de identificar e compreender os segmentos cujas necessidades serão atendidas pela oferta de valor. É por meio deste conhecimento que a empresa vai ocupar esta ou aquela posição no mercado — ou seja, é pelo posicionamento que ela se situa no ambiente externo.

Assim, nesse contexto, o conceito de estratégia competitiva posto em prática é a analogia que Casadesus-Masanell e Ricart (2010) propõem que se faça para a adequada escolha do modelo de negócios que uma organização deve adotar perante a decisão de seu posicionamento competitivo em um mercado de livre concorrência.

Os fundamentos da teoria do posicionamento aplicados em uma empresa revelam a necessidade e agilidade dela em se adaptar aos sinais que o ambiente externo envia. Sendo assim, a escolha da estratégia competitiva adequada permite à empresa adequar-se às condicionantes impostas pelo setor. Além disso, esta estratégia também deve ser internamente compreendida e exequível de maneira coerente. Essa coerência leva em conta as possibilidades de ajustar os recursos e atividades internas da empresa para atender sua posição competitiva no mercado (Leite & Porsse, 2003).

A adequação dos recursos e a coordenação tática das atividades que compõem os processos devem ser monitorados pelo seu desempenho com foco na excelência (Porter, 1996). A efetividade operacional de uma estratégia clara considera-se como o objetivo principal de qualquer empresa. Para uma empresa superar o resultado de seus concorrentes, além da efetividade operacional necessita sustentar um diferencial estratégico no ponto de vista dos consumidores. De que forma? Usando um elemento decisivo da estratégia — os *trade-offs* (Magretta, 2012). A empresa poderá promover uma escolha e ofertar produtos ou serviços diferenciados que geram maior percepção de valor atendendo às expectativas dos consumidores ou escolher criar mais valor econômico para a empresa como resultante da gestão focada em custos mais baixos. Ou ainda, poderá fazer as duas escolhas simultaneamente.

Considerando essa conceituação, é valido destacar que a definição da teoria do posicionamento — segundo Porter (1996) — fundamenta-se por meio de três distintas formas. Elas não são mutuamente excludentes e, frequentemente, apresentam-se sobrepostas entre si de diferentes maneiras. Primeiramente, o posicionamento na variedade se baseia sobre a produção de um subconjunto de produtos e serviços de uma determinada indústria. Este posicionamento considera a escolha de produtos ou serviços variados em vez de segmentos de clientes.

O segundo tipo é o posicionamento que considera uma indústria que pode servir à maioria ou a todas as necessidades de um grupo particular de clientes. Isto ocorre quando existem grupos de clientes com diferentes necessidades, e onde um conjunto customizado de atividades pode servir àquelas necessidades de uma melhor maneira (Porter, 1996).

E o terceiro e último tipo de posicionamento segundo Porter (1996) se baseia no acesso a clientes. Uma fonte para o posicionamento estratégico é a que foca a segmentação de clientes que estejam acessíveis em diferentes formatos. O acesso pode ser uma variável direta em função da posição geográfica ou da escala do cliente; ou ainda, qualquer coisa que requeira um conjunto de diferentes atividades para atingir os clientes da melhor maneira.

As abordagens dos tipos de posicionamento descritas nessa subseção é orientada pelas necessidades dos mercados ou dos clientes-alvo, tornando-se a essência da teoria do posicionamento estratégico. Para tanto, Porter (1996) destaca que é relevante escolher as atividades que possam ser executadas de forma diferente das atividades realizadas pelos seus rivais ou concorrentes.

A título de exemplo, citamos o caso Louis Vuitton Moet Hennessy (LVMH) que apresenta como as direções de posicionamento podem influenciar nas escolhas do modelo de negócio.

Comandado pelo CEO Bernard Arnault, o grupo LVMH reúne setenta marcas conhecidas no mercado de produtos de luxo. Uma das lojas do varejo, adquirida pelo grupo LVMH em 1984, é a monumental Le Bon Marché — onde circulam 15 mil clientes por dia. Ela foi a primeira loja de departamentos do mundo, aberta em 1852 e localizada na Rue de Sèvres 24, no Sixième Quartier, região nobre de Paris. A seleção das peças vendidas e expostas na Le Bon Marché reflete o estilo parisiense de ser, e o grupo LVMH decidiu reproduzir e ampliar o alcance desta *art de vivre* por meio do canal online. Esta intenção já começa pela escolha do nome de sua nova plataforma (site e app) definindo o seu posicionamento: 24 Sèvres.

A ideia foi lançada em junho de 2017, mas não foi a primeira iniciativa do LVMH no e-commerce. Em 2000, o site eLuxury foi criado para venda multimarcas. Mas suas operações foram encerradas em 2009. Segundo o grupo, o fechamento do site não ocorreu em função do desempenho financeiro, mas para se reposicionar como um tipo de vitrine ou revista eletrônica de produtos de luxo, o que não aconteceu. O eLuxury foi relançado em 2010 como canal de vídeo, chamado nowness.com, cujo controle majoritário foi adquirido pela Modern Dazed em 2017.

No entanto, em que a boutique virtual 24 Sèvres seria diferente da primeira experiência? Qual é a aposta desta vez? O diferencial está em dois fatores: momento e perspectiva (olhar de dentro para fora). O insucesso do eLuxury ensinou que a tecnologia não deve ser adotada cedo demais, pois, no que se refere à rede, já não importa ser um entrante tardio. E quanto ao segundo fator — o projeto e-commerce da LVMH —, este deve ser pensado como um meio para a internacionalização do Le Bon Marché, usando a Internet (tecnologia). Traduzindo, o modelo de negócio da 24 Sèvres se alinha aos pilares do LVMH Model, porém com as particularidades de uma nova experiência de consumo.

As escolhas do modelo de gestão — combinadas ao posicionamento no mercado e aos recursos disponíveis — compõem o valor ofertado pela plataforma. A proposta é não sobrecarregar o consumidor com uma avalanche de produtos ao acessá-lo. É importante que ele perceba o cuidado e a inovação na seleção dos produtos (que até o momento são direcionados ao público feminino).

A experiência visual é importante; cada produto é disposto de forma a destacar seu charme e singularidade, como é feito na loja física. No quesito gestão, o modelo reproduz a "organização descentralizada" que dá autonomia às marcas que integram o grupo. Na plataforma, há um espaço personalizado para cada marca, e estas não se restringem às do grupo LVMH — incluem outros designers de luxo, tanto os conhecidos quanto os emergentes. Para alguns deles, a 24 Sèvres representa sua estreia e exclusividade no e-commerce. A ideia de manter um modelo de lojas independentes similar ao operado nas lojas físicas, valida os recursos envolvidos nesse modelo de negócio, que incluem não apenas o investimento de milhares de euros, mas também a expertise e o legado das Maisons do grupo. Com isto, o modelo se adequa ao pilar de "criação de sinergias", no qual todos se beneficiam da combinação da força das marcas.

Para o grupo LVMH, o foco está no caráter único e atrativo dos artigos — na qualidade da oferta e não em sua quantidade. O cliente dispõe da orientação personalizada de um estilista por vídeo, chatbot ou e-mail para que a experiência de compra não seja "solitária" e unilateral, utilizando a tecnologia como um canal para o seu posicionamento e entrega de valor. A opção deste tipo de interação humana é considerada um diferencial da plataforma em termos de canal de relacionamento.

A tecnologia aliada à reputação, curadoria, nicho, experiência visual e apelo cultural são elementos que a 24 Sèvres considera únicos em sua oferta de valor. Serão eles suficientes para sua longevidade? Se não forem, talvez ela enfrente o mesmo destino da eLuxury. Se sim, há um potencial disruptivo no sucesso da plataforma na captação e atendimento de interesses específicos dos usuários, convertendo-os não só em adeptos do estilo proposto, mas em compradores — e até mesmo mais propensos a visitar a loja física (Case FDC, Louis Vuitton, 2018).

A propósito, a Toms Shoes é outro exemplo de posicionamento em decorrência de sua escolha e merece ser mencionado. Fundada por Blake Mycoskie, em 2006, a causa da marca TOMS foi, a princípio, de prover calçados para as crianças daqueles vilarejos argentinos quando ele havia conhecido um grupo de voluntários que recolhiam calçados em bom estado nas regiões mais abastadas de Buenos Aires e os levava para vilarejos fora da cidade. TOMS é a forma de abreviar a ideia de *Tomorrow's Shoes* ou *Shoes For a Better Tomorrow* [*os sapatos do amanhã* ou *sapatos para um amanhã melhor*, em tradução livre].

Ao acompanhar o trabalho do grupo, Mycoskie se comoveu com uma realidade que não é nova, porém entendeu o real significado das crianças em situação de miséria ao caminharem descalças para a escola, e a consequência dos efeitos: as bolhas, as dores e as infecções.

Decidiu então criar uma empresa com fins lucrativos, mas com a mentalidade e cultura de uma ONG (posicionamento "de fora pra dentro"). Isso sintetiza a escolha do estilo da gestão para esse novo negócio construído mediante a causa. Por essa razão a marca faz referência à bandeira da Argentina. O produto inicial também teve inspiração regional — as alpargatas, simples sapatilhas de lona colorida.

A mensagem — tão simples quanto as sapatilhas — podia ser facilmente memorizada e comunicada: *One for One* [*um por um*, em tradução livre]. Com ela, Mycoskie deu origem ao tipo de modelo de negócio conhecido como B1G1 *Buy One Give One* (compre um, doe um) — ou seja, a cada par de sapatos vendidos, outro par é doado a uma criança necessitada.

Com o tempo, a empresa diversificou não apenas os produtos oferecidos, mas as causas envolvidas em outras áreas. A TOMS pode não alcançar problemas estruturais ligados à pobreza no mundo, mas sua iniciativa foi significativa para um debate sobre o reverso do consumo — sobretudo na área da moda que suscita a imagem da compra supérflua que muda rapidamente ao sabor das estações e coleções (case Toms Shoes, 2018).

Do preço à usabilidade, todos os atributos da oferta de valor serão mais ou menos atrativos a partir do conhecimento das necessidades de um dado segmento. O posicionamento tem a ver com foco. É tentador ser tudo para todos, diversificar a oferta de soluções para atender o maior número de clientes possível. Porém, este tipo de abordagem trará desvantagens como:

- economias de escala reduzidas;
- demora na construção de conhecimento e capacidades específicas; e
- identidade difusa da marca e aumento na complexidade da gestão.

Posicionamento e modelo de negócio

Um dos debates do campo da Estratégia é sobre o drive de uma empresa: as oportunidades do mercado (perspectiva "de fora para dentro") ou a força de sua base de recursos (perspectiva "de dentro para fora"). Por isso, de um lado se encontra escola do posicionamento estratégico que tem Michael Porter como um de seus expoentes. Do outro, está a visão baseada em recursos proposta por Jay Barney (1991).

A escola do posicionamento provém de um braço de microeconomia chamado organização industrial. O ponto de partida da análise estratégica é o mercado. Quanto aos recursos, estes devem seguir o que for estabelecido pela análise do ambiente externo. Portanto, os elementos determinantes da estratégia vêm do conhecimento sobre consumidores, competidores e outros atores no mercado.

Um dos esquemas clássicos de análise do posicionamento de uma organização são as cinco forças que, segundo Porter, influenciam a lucratividade de um setor.

Figura 23: Análise das Cinco Forças de Porter
Fonte: Adaptado de Porter (2008)

Como a própria Figura 23 indica, a força da competição está no centro do entendimento de como o setor funciona em termos de desempenho. Para Porter, esta é a configuração que explica como um determinado setor cria e compartilha valor.

O case TOMS — citado na sessão anterior — é um exemplo de como a empresa mantém o seu posicionamento e sua força ao ofertar "a causa e o produto", mesmo enfrentando uma competição ferrenha com o sucesso das alpargatas.

Em contrapartida, a marca *Skechers* criou uma linha chamada Bobs — para abreviar *Benefiting Others by Buying Shoes* [*Beneficiando Outros Por Meio da Compra de Sapatos*, em tradução livre] — semelhante não só ao design da sapatilha, mas ao modelo *buy one give one*, além de ser vendida pela metade do preço de uma TOMS original. Assim, a novidade e o apelo da TOMS como *first mover* [*primeiro entrante*, em tradução livre], foram se diluindo em meio as versões lançadas por outras empresas, como a *Target* e a *Payless Shoe Source*, pois os consumidores começaram a não mais diferenciar o produto.

Mesmo diante das duas ameaças: (a) de novos entrantes e (b) de bens substitutos, a TOMS não se intimidou, mantendo-se em seu propósito e se reinventando ao longo dos ciclos, por meio dos novos produtos, ampliando o seu propósito de atuação, compartilhando valor e adequando seu modelo de negócio. Apesar de ter sido a primeira empresa a explicitar o uso do modelo *one for one*, a ideia da criação de valor comercial e social simultaneamente não é novidade e assume diversos formatos e propostas.

Contudo, o sucesso de longo prazo do modelo pode ser diluído à medida que novos entrantes o tornam comum e ele não é mais percebido como um rompimento com o status quo. O consumidor então, passa a se guiar pelo preço ou pela causa social em evidência. O apelo social permanece relevante, especialmente para as novas gerações e por aqueles que querem se envolver em uma causa com o apoio de intermediários.

A visão baseada em recursos defende a construção da estratégia em torno das forças internas da empresa — pois é o desenvolvimento de uma base de recursos sólida que permitirá captação das oportunidades presentes no mercado.

Em meio às críticas que surgiram ao longo dos anos, a TOMS estudou profundamente os reais impactos de seu trabalho. De fato, os resultados mostraram a relação de dependência que a doação pode gerar em alguns beneficiários, além de reduzir a comercialização — já frágil — de produtores locais. Isso levou a empresa a adotar medidas que beneficiariam não somente o desenvolvimento econômico, mas trariam impacto social e ambiental para as regiões.

Como exemplo, em 2011, foi lançada a linha de óculos TOMS Eyewear em parceria com a organização social de cuidados com a visão Seva Foundation. A contrapartida da doação se preocupa com a qualidade da visão das crianças carentes em termos de exames, prescrição de óculos e até cirurgias. Em 2014, foi criada a TOMS Roasting Co. que vende café premium oriundo de produtores de regiões carentes. A organização parceira neste empreendimento é a Water for People [Água para as Pessoas, em tradução livre] que providencia o acesso à água limpa nas comunidades. A ação já viabilizou mais de 335 mil semanas de água potável em 6 países, fornecendo uma semana de água potável para cada pacote de café vendido.

A força da base de recursos dependerá de quão exclusivos e difíceis de imitar (adquirir ou desenvolver) forem os ativos que a compõem. Ao contrário da perspectiva anterior, o estabelecimento de qual base de recursos a empresa quer construir ao longo do tempo é que determina as oportunidades sobre as quais a empresa deve investir as capacidades e competências que a distinguem.

Embora estas visões sejam os extremos do espectro na discussão sobre o foco da Estratégia, o modelo de negócio combina as vantagens de ambas. É evidente que, na prática, é preciso "manter um olho no peixe e o outro no gato" — as oportunidades não podem ser exploradas sem recursos e estes não funcionam fora do contexto de mercado.

O modelo de negócio integra ambas as perspectivas na medida em que elas oferecem elementos imprescindíveis provenientes do ambiente interno e externo: consumidores e concorrentes, oferta, atividades e organização, base de recursos e *inputs* para produção. Por meio do entendimento do modelo de negócios, podemos compreender melhor as conexões entre elementos dentro e fora da empresa.

Ainda como parte da estratégia de diversificar a oferta de valor econômico e social, em 2015 a TOMS iniciou a venda de bolsas de lona para levantar fundos para o nascimento seguro de bebês em famílias carentes, com distribuição de um kit com itens necessários à segurança no parto, além de treinar profissionais locais para este tipo de assistência. Dessa forma, a TOMS encontrou outras lacunas para explorar as oportunidades e investir suas capacidades e competências adquiridas, diversificando seu modelo de negócio.

A mexicana Momlancers, startup de impacto social, estabeleceu outros parâmetros para a sua missão: recolocar mulheres que se tornaram mães no mercado de trabalho, com um propósito além da oportunidade e recolocação. Segundo a cofundadora da startup, Regina Cabal, trazê-las de volta ao trabalho faz com que se sintam produtivas, capazes e cheias de energia. "Assim, contribuímos para ter cada vez mais mulheres mais felizes e saudáveis", diz ela.

A plataforma atua como uma gestora que entende os requisitos do projeto, negocia a taxa e trata de todos os procedimentos administrativos — incluindo contratos, faturamento e pagamentos. Para as empresas, é uma curadora que busca talentos experientes que podem não estar ativamente em busca de emprego. A plataforma permite o acesso a mulheres com diferentes habilidades, além da agilidade que a tecnologia oferece ao encontrar talentos.

Nessa dinâmica, a startup já ajudou a gerar mais de US$731 mil ao inserir as mães no mercado de trabalho. Além disso, reduziu o número de demissões decorrentes da maternidade para uma em cinquenta, graças ao trabalho de coaching oferecido às empresas. Os serviços ofertados acabam sendo mais atrativos e econômicos do que uma consultoria.

Já são mais de 8.500 mães registradas. Ao procurar projetos que se adaptam às necessidades das mães profissionais e permitir que elas não precisem escolher entre suas famílias e seu desenvolvimento profissional neste momento da vida, a startup inspira uma força de trabalho mais diversificada e inclusiva (e-book, iImpact, 2021).

A startup já se relaciona com mais de cem empresas usuárias de seus serviços — dentre as quais MARS, Kellog's, Danone, Unilever e José Cuervo. De acordo com Cabal, a intenção é se tornar referência para a economia aberta de talentos e ser um movimento na América Latina para aumentar as oportunidades e facilitar a flexibilidade de trabalho para todos (www.forbes.com.mx). Ao conectar vários stakeholders, a startup defende a construção de uma estratégia baseada em recursos sólidos que irão sustentar o seu modelo e ampliar a captação de oportunidades no mercado.

AUTODIAGNÓSTICO

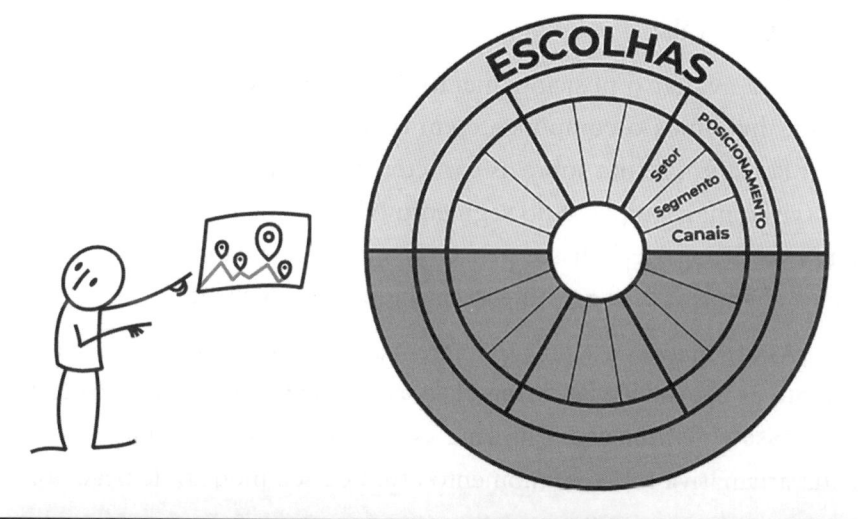

ESCOLHAS		
CATEGORIA	SUBCATEGORIA	DESCRIÇÃO
POSICIONAMENTO: É o direcionamento da empresa quanto ao ambiente externo em termos de oportunidades de mercado e do segmento cujas necessidades são atendidas pela oferta de valor do negócio.	SETOR	São as características e particularidades (visão mais ampla), que devem ser consideradas pela empresa: coleta de dados, tendências, comportamento dos concorrentes etc.
	SEGMENTO	Contempla a (visão mais restrita) em que sua empresa atua para atender às suas necessidades, comportamentos etc.
	CANAIS	São os meios pelos quais a empresa tem acesso a se relaciona com o cliente.

Figura 24: Mandala subcategoria – Posicionamento
Fonte: Elaborado pelos autores

O posicionamento é a **direção que a empresa segue em termos de oportunidades de mercado e segmentos atendidos e alinhados com sua oferta e entrega de valor.**

Para avaliar o posicionamento do modelo de negócio de sua empresa, dividimos o componente em três partes: setor, segmento e canais. Portanto, reflita sobre as características e particularidades do setor (visão mais ampla) e do segmento (visão mais restrita) em que sua empresa atua. Além disso, pense nos principais canais por meio dos quais a empresa tem acesso e se relaciona com o cliente.

As afirmações a seguir se referem ao conhecimento de seu negócio quanto às **oportunidades de mercado**, ao **segmento atendido** e aos **canais de acesso e distribuição**. Em uma escala de 1 a 10, indique o quanto cada afirmativa reflete o momento atual de seu modelo de negócio.

AFIRMATIVAS	NOTA
1. Meu negócio coleta e analisa sistematicamente dados do setor a fim de se atualizar, identificando tendências, mudanças na base tecnológica e comportamento dos concorrentes.	
2. Meu modelo de negócio possui processos estruturados que permitem a revisão contínua do posicionamento da empresa.	
3. A escolha do setor de atuação da minha empresa é revisada anualmente pela liderança com o objetivo de garantir uma posição competitiva na cadeia produtiva, potencializando a divulgação da oferta de valor (bens e serviços).	

AFIRMATIVAS	NOTA
4. O posicionamento escolhido pelo meu modelo de negócio está refletido na oferta de valor disponibilizada ao mercado.	
5. A liderança da minha empresa coleta e analisa sistematicamente dados do mercado para se manter alinhada às necessidades e expectativas dos clientes atuais e futuros.	
6. Meu negócio utiliza ferramentas e técnicas de cenários ou previsibilidade adequados para se antecipar a futuras ameaças e oportunidades no ambiente externo.	
7. Nosso modelo de negócio permite que utilizemos os principais canais de relacionamento com acesso assertivo à nossa carteira de clientes.	
8. Exploramos no nosso modelo de negócio o potencial de retorno dos canais de distribuição como meio de relacionamento com os atuais clientes.	
9. Nosso modelo de negócio explora os canais de relacionamento com objetivos definidos como, por exemplo, aumentar a taxa de retenção e recompra.	

CONSEQUÊNCIAS 7

Parte-se do pressuposto que toda organização, por meio de seus gestores, faz escolhas fundamentadas em aspectos estratégicos e que, por sua vez, essas promovem consequências Casadesus-Masanell e Ricart (2010). A partir daí, pode ser inferido que toda organização tem algum tipo de modelo de negócio sendo praticado como resultante a essas escolhas estratégicas. As consequências, por sua vez, podem ser rígidas ou flexíveis. As primeiras são aquelas que não mudam rapidamente em função das escolhas de origem, porque são associadas a ativos intangíveis — que terão essencial importância na avaliação da qualidade do modelo de negócio. Já as flexíveis são altamente sensíveis às mudanças provocadas pelas escolhas que as produziram (Ricart, 2009).

As consequências — muito embora não apareçam em uma definição específica — justificam a relação binária e causal entre os componentes (Casadesus-Masanell & Ricart, 2010). Elas fundamentam-se nas teorias da elasticidade e da demanda vindas da microeconomia. Tais teorias incorporam as suposições dos analistas que afirmam que "as escolhas e as consequências estão objetivamente relacionadas" (Ricart, 2009; Casadesus-Masanell & Ricart, 2010).

Além disto, pode-se também deduzir como base subjacente a teoria da Organização Industrial (OI) de Porter (1980) que também deriva do campo da microeconomia. Ao usar esta vertente, os proponentes das escolhas e consequências adotam uma visão *outside-in* da estratégia na qual a empresa se organiza para fazer escolhas e lidar com as consequências — tendo como ponto de partida os estímulos do ambiente externo.

Revisitando a afirmação conceitual, pode-se concluir que os modelos de negócios são definidos por escolhas e direcionadores estratégicos que são formulados pelo conselho, ou pela alta direção das organizações. Contudo, as escolhas são algumas vezes feitas por uma pessoa de uma única organização, e outras vezes por meio de uma rede de organizações que se relacionam no ato e objetivo de criar e capturar valor. Assim, pode haver múltiplas consequências para múltiplos stakeholders.

Valor Criado

Criar valor é uma responsabilidade da empresa. Mas apesar do uso frequente desta expressão, ela pode ser empregada em diferentes sentidos. O Quadro 4 apresenta as possibilidades de interpretação da criação de valor. As linhas A e B representam os dois verbos normalmente associados à criação. Na primeira linha, criar é transformar, pois o que se entende como "começar do zero" implica a combinação de recursos e atividades em um processo de transformação.

Na segunda linha, criar é inovar, isto é, construir sobre algo existente de forma a dar origem a novos atributos. As colunas 1, 2 e 3 indicam o sentido da compreensão desses verbos. Assim, transformar ou inovar podem ser compreendidos como a própria capacidade de realizá-los; o ato que materializa este potencial e; o resultado esperado desse ato. O sentido da capacidade normalmente é atribuído às fontes e inputs da criação de valor — aquilo que a torna possível.

O ato, por sua vez, é um sentido que descreve os mecanismos que conferem valor ao que é criado. Finalmente, o resultado indica aquilo que se considera como valor criado em termos tangíveis e intangíveis.

Os dois primeiros sentidos expressam a criação de valor como conteúdo e como processo (Lepack, 2007). As questões pertinentes ao conteúdo giram em torno do que é valor, onde ele reside e quem o considera como tal. Como processo, consideram-se os papéis envolvidos no criar, e o sentido do resultado é normalmente associado às questões de captura/retenção do valor pela empresa, organização ou stakeholders.

Como em um jogo de xadrez, as combinações de linhas e colunas indicam uma posição. Nesse caso, cada posição é uma possibilidade de interpretação da criação de valor. É importante destacar que o Quadro 4 ilustra possibilidades sem, contudo, esgotá-las.

As interpretações sobre a criação de valor se entrelaçam na prática, dificultando a percepção das fronteiras entre uma e outra. As possibilidades de compreensão se ampliam, e ganham ainda mais complexidade se forem levadas em conta as lentes teóricas sobre o tema (Administração Estratégica, Marketing, Administração de Recursos Humanos, Ciências Sociais, Economia, Psicologia etc.) e o ponto de vista dos atores envolvidos (funcionários, corpo gerencial, fornecedores, clientes, acionistas, sociedade e governo). Portanto, o que se chama de criação de valor depende de quem o considera como tal — é um fenômeno que admite multiperspectivas e multiníveis de análise.

Sentido / Verbo	1. Capacidade	2. Ato	3. Resultado
A. Transformar	• *Inputs* humanos sob a forma de atividades e serviços desempenhados (Bowman, 2003) • Conhecimento e capacidades (Vopel, 2004) • Empresa orientada para a experimentação, o uso equilibrado de recursos e o compromisso dos funcionários* (Achtenhagen, 2013) • Poder de convencimento acerca do valor de seus produtos (Kraaijenbrink *et al.*, 2013)	• Utilizar o produto ou serviço (McCracken, 2013) • Desempenhar uma atividade na cadeia de valor (Amit, 2001) • Participar em um mercado de plataforma (Plé, 2010) • Explorar oportunidades de negócio (Amit, 2001) • Viabilizar programas de incentivo ao empreendedorismo (Lepak *et al.*, 2007)	• Retorno para o investidor (Magretta, 2002) • Melhoria nas condições sociais de um grupo (Yunus, 2010)* • Aumento da propensão a pagar (Brandenburger *et al.*, 1996)* • Cumprimento da missão da empresa (Magretta, 2012)*
B. Inovar	• Proposição de novas configurações para a indústria tradicional (Aspara *et al.*, 2010)	• Desenvolver um novo processo (Lepak *et al.*, 2007) • Atribuir novos significados ao produto ou serviço (Migueles, 2007)	• Incremento na percepção sobre os benefícios do consumo do produto ou serviço (Demil *et al.*, 2015)

Quadro 6: Interpretações do termo "criação de valor"
Fonte: Elaborado pelos autores

Nesta obra vamos assumir a perspectiva da empresa/organização. Os demais atores para os quais se cria valor (acionistas, colaboradores, fornecedores, clientes, sociedade e ambiente) serão abordados nos capítulos referentes ao valor capturado e valor distribuído. Agora nosso foco está no que as escolhas do modelo de uma empresa criam para si além dos retornos econômico-financeiros.

Para projetar as possibilidades de criação de valor, é preciso saber diferenciar criação de valor de vantagem competitiva. A criação de valor é resultado das condições comerciais favoráveis no mercado de produtos. Afinal, mudanças na demanda de mercado ou nas condições tecnológicas podem ameaçar o modo como uma empresa desenvolve seus produtos e, consequentemente, cria valor.

Reposicionando o foco deste artigo — de analisar a organização como fonte de criação de valor —, a abordagem de Porter (1985) considera que um novo valor é criado quando a empresa desenvolve ou cria uma nova maneira de fazer as coisas, usando novos métodos, tecnologias, formas ou matérias-primas, ou seja, práticas que materializem a intenção de inovar e inventar.

Assim, quando analisamos uma organização, as atividades de inovação e invenção impactam diretamente o processo de criação de valor. Isso porque consideramos a validação de qualquer atividade que proporcione maior nível de benefícios novos e apropriados para os clientes-alvo, permitindo assim que eles estejam dispostos a pagar mais.

A predisposição por pagar mais é um dos componentes do valor criado. O valor criado (VC) é a resultante do benefício (B) identificado pelo consumidor menos o custo de fabricação do produto (C), ou seja, $VC = B - C$, em que a resultante obtida — valor criado — deve ser dividida entre consumidor e produtor. Quando o resultado é positivo, se caracteriza como excedente do consumidor e representa a porção do valor criado que o consumidor "captura". O lucro do produtor (LP) é resultante da equação em que o preço (P) subtraído do custo de produção do produto (C) resultará na parte que poderá ser embolsada pelo produtor. Se realizarmos uma análise reversa — somando o excedente do consumidor (B–P) ao lucro do produtor (P–C) —, teremos o valor criado, expresso como a soma do excedente do consumidor e o lucro:

$$VC = (B-P) + (P-C)$$
$$VC = (B\cancel{-P}) + (\cancel{P}-C)$$
$$VC = B-C$$

Nenhum produto pode ser viável sem criar valor econômico positivo. Se a resultante de (B–C) fosse negativa, não haveria preço que os consumidores estivessem dispostos a pagar pelo produto capaz de cobrir os custos de fabricação, impossibilitando assim a geração de lucro para o produtor e respectiva cadeia produtiva. Em outras palavras, o produto não conseguiu gerar excedente do consumidor porque não despertou nele a predisposição de pagar por algo que lhe propiciasse algum tipo de benefício (B).

Valor criado para a empresa e modelo de negócios

O valor criado corresponde aos diferenciais que a empresa constrói por meio do funcionamento de seu modelo de negócio. Lembre-se de que estamos em uma lógica de escolhas e consequências. Portanto, cada escolha (isolada ou em conjunto) acerca de recursos, atividades e posicionamento conduz a consequências quanto ao valor criado para a empresa.

Nem sempre o valor criado por determinada tecnologia — como é o caso da startup In Loco que vimos anteriormente —, por mais inovadora que se apresente, é facilmente percebido como valor pelos agentes de mercado.

Retomando o caso da startup In Loco, a série de apostas, tentativas e erro, demonstram a importância da avaliação dos drivers de criação de valor para revisitar o modelo de negócio, a fim de incrementar a percepção de valor. A trajetória da empresa reforça a teoria de que a criação de um modelo de negócio é um processo dinâmico que requer ajustes contínuos, a fim de que haja percepção de valor pelo cliente e criação de valor para a empresa.

A oferta de valor ficou mais evidente a partir do momento que foi definido pela In Loco a criação de uma série de métricas para promover visita aos anunciantes. Assim, foi criada a métrica CPV (Custo por Visita). Dentre as atividades realizadas, grupos de controle foram desenvolvidos para entender como era a conversão. Foi um processo de conhecer e validar. O produto foi moldado pela necessidade do mercado, pelo que os clientes queriam que fosse implementado e que fosse possível fazer. Como consequência, a empresa desenvolveu um modelo que os principais competidores não conseguiram imitar, trazendo a inovação para o seu negócio.

Em 2018, a startup In Loco anunciou seu reposicionamento de In Loco Media (ILM), para apenas In Loco. Chegara o momento de diversificar sua oferta e seus mercados de atuação, não se restringindo apenas ao contexto de mídia e publicidade. Finalmente, depois de quatro anos e duas tentativas frustradas, este foi o grande acerto. E isso foi pautado em dois diferenciais: primeiro, a capacidade de entender o contexto e a intenção de consumo; e segundo, a mensuração da quantidade de pessoas que viram o anúncio e entraram na loja física.

A busca online não significava necessariamente intenção de compra. A ILM partiu do pressuposto de que a energia despendida na visita física era um indicador mais forte e mais informativo quanto à intenção de compra do que a pesquisa na internet.

Com o fôlego renovado, André (CEO da ILM) e sua equipe prosseguiram na intenção de diversificar. O *core* se manteve na localização e conhecimento do contexto do usuário, mas a ILM criou o "Engage" — com foco em outros aplicativos de serviço como táxis e cinemas que ofereciam descontos de acordo com o deslocamento e posição do usuário, identificando o contexto ideal para interação com os clientes. Criou-se também o "ID" — um sistema antifraude baseado nos hábitos dos usuários e foi adotado por dois bancos digitais. Além disso, por meio do *home verification*, a aplicação auxilia os bancos a saberem se os endereços declarados pelos usuários eram reais sem invasão da privacidade da pessoa.

Diante da reputação alcançada neste mercado e do aprimoramento constante de sua tecnologia de localização que permite uma proposta de valor difícil de copiar, o objetivo da empresa é explorar outras aplicações e expandir as operações internacionalmente — como nos EUA e na Europa.

Outro exemplo de criação de valor com impacto para a sociedade é a startup Alicerce Educação. É um negócio de impacto social criado com a missão de transformar a vida dos alunos de escolas públicas do Brasil. São oferecidos programas extracurriculares que buscam transformar a vida de alunos de baixa renda. O negócio cria valor para a sociedade atuando na redução da lacuna de aprendizagem dos alunos, na ampliação de seu repertório cultural e no fortalecimento de habilidades para a vida. (e-book, iImpact 2021).

"Queremos mudar a realidade do nosso país e entendemos que a educação é a causa mais urgente para o desenvolvimento do Brasil. Portanto, merece uma solução de qualidade e com alto poder de escala", justifica a Gerente de Impacto e Certificações, Sara Machado.

As frentes de trabalho e oferta de valor contribuem para a redução da desigualdade social no Brasil — quer seja por meio da ampliação do acesso à aprendizagem de qualidade, quer seja atuando na criação de melhores oportunidades de empregabilidade. Essas ações ampliam as perspectivas de futuro para mais brasileiras e brasileiros.

O desenvolvimento dos alunos é monitorado por meio de uma avaliação adaptativa digital. "Em matemática, a média de avanço dos alunos foi de 1,72 bimestre de conteúdo da Base Nacional Comum Curricular (BNCC) a cada *sprint* de oito semanas. Em leitura esse avanço foi de 1,36; e em escrita foi de 2,36", exemplifica Sara Machado.

Ao todo, desde o início da pandemia de COVID-19, o Alicerce impactou mais de 7 mil alunos de todo o país, com aulas oferecidas presencialmente em 8 estados brasileiros e também a distância — via plataforma. Para muitos, a solução foi o único estímulo educacional enquanto as escolas estavam fechadas.

AUTODIAGNÓSTICO

CONSEQUÊNCIAS		
CATEGORIA	SUBCATEGORIA	DESCRIÇÃO
VALOR CRIADO: Consiste nos diferenciais competitivos que a empresa constrói por meio do funcionamento de seu Modelo de Negócio.	REPUTAÇÃO	A oferta de valor do negócio gera um diferencial competitivo que é facilmente percebido pelos principais stakeholders.
	EXPERTISE	As vantagens competitivas que diferenciam o meu modelo de negócio resultam da base dos recursos escolhidos (capacidade isolada ou em conjunto).
	INOVAÇÃO	Transformar e/ou inovar podem ser compreendidos como: a própria capacidade de realizá-los; o ato que materializa este potencial; e o resultado esperado desse ato. Uma opção estratégica.

Figura 25: Mandala subcategoria – Valor Criado
Fonte: Elaborado pelos autores

No framework VoC o valor criado é uma das três consequências influenciadas pelas escolhas que compõem a oferta de valor. É importante recordar também que a oferta de valor é ponto de contato entre os componentes e é o fundamento destas três dimensões de valor (criado, apropriado e distribuído). Elas oferecem insights sobre o desempenho do modelo de negócio e suas possíveis fontes.

Considerando o valor criado como um dos diferenciais competitivos que a empresa constrói por meio do funcionamento de seu modelo de negócio, vamos dividi-los em três partes para facilitar a análise deste componente: reputação, expertise e inovação.

As afirmações a seguir se referem à geração de valor para a empresa em termos de **diferencial competitivo, reputação, competências, expertise e outras vantagens obtidas** a partir das escolhas do modelo de negócio. Em uma escala de 1 a 10, indique o quanto cada afirmativa reflete o <u>momento atual</u> de seu modelo de negócio.

AFIRMATIVAS	NOTA
1. As escolhas do meu modelo de negócio quanto à **base de recursos (físico, financeiro e/ou humano)** utilizada contribuem para a **imagem e reputação da empresa**.	
2. As escolhas feitas no meu modelo de negócio quanto ao **sistema de atividades (conteúdo, estrutura e/ou governança)** empregado contribuem para a elevação **da imagem e reputação da empresa**.	
3. As escolhas do meu modelo de negócio quanto ao **posicionamento adotado (setor, segmento e/ou canal)** contribuem para a **imagem e reputação da empresa**.	

▷

AFIRMATIVAS	NOTA
4. A **oferta de valor** do meu negócio gera um diferencial competitivo que é facilmente percebido pelos principais stakeholders como um **resultado da expertise** de nossa empresa.	
5. As **escolhas feitas** no meu modelo de negócio resultam, de maneira eficaz, em um ou mais dos seguintes itens: aumento da reputação, **reconhecimento de expertise,** promoção da transformação dos processos (disrupção) e inovação.	
6. Quanto ao **posicionamento adotado,** as escolhas do meu modelo de negócio contribuem para a construção de **competências e expertise da empresa.**	
7. As escolhas do meu modelo de negócio — quanto à **base de recursos** e a forma como eles são utilizados — contribuem para a promoção da **inovação.**	
8. As **vantagens competitivas** que diferenciam o meu modelo de negócio resultam do meu sistema singular de atividades, os quais são bem delimitados e coerentes com os **objetivos de inovação** definidos pela empresa.	
9. As inovações desenvolvidas e aplicadas no meu modelo de negócio são fruto do estímulo do convívio com o ecossistema e do **posicionamento da empresa no mercado em** que atuamos.	

Valor Capturado

Uma das consequências de escolhas feitas em um modelo de negócio é a capacidade de se apropriar de parte do valor criado no mercado. Agora sim, diferentemente do valor criado — abordado no capítulo anterior —, estamos falando em retorno econômico-financeiro para a empresa. O valor capturado revela o quanto a empresa se apropria nas transações monetizadas referentes à sua oferta de valor.

Em um dos mais conhecidos artigos sobre modelos de negócio, Joan Magretta (2002) afirma que se o modelo é uma narrativa que explica como fazer negócio, os números indicam se ele realmente funciona. Se a história que as escolhas do seu modelo de negócio contam faz sentido, isto se refletirá em seu faturamento, custos, margens e fluxo de caixa.

Valor criado e valor capturado não necessariamente têm que coincidir quanto à sua fonte de geração, pois podem ser cocriados por outros agentes econômicos encontrados no ecossistema no entorno da organização, incluindo as concorrentes, os fornecedores, clientes e usuários (Pitelis, 2009). Essa argumentação se faz importante para darmos início à contextualização do papel dos agentes externos que se relacionam com uma organização — os mais recentemente intitulados na literatura e cada vez mais conhecidos pela sociedade como stakeholders ou partes interessadas.

Segundo Freeman (2010), os stakeholders são identificados como qualquer grupo ou indivíduos que podem afetar ou são afetados pelo alcance dos objetivos propostos por uma organização. A definição apresentada por Clarkson (1995), retrata stakeholders como pessoas ou grupos que têm ou reivindicam o direito de posse ou propriedade, como, também, o interesse na organização de suas atividades no presente, passado e futuro. Tais reivindicações são de direito ou de interesse, que são o resultado de transações ou ações tomadas pela organização ou, talvez, por aspectos legais, individuais ou coletivos (Clarkson, 1995).

O valor criado nas organizações vem da relação comparativa e direta entre a correlação dos tipos de modelo de negócios com a real capacidade destes em criar valor dentro das organizações.

Considera-se criação e captura de valor como fenômenos distintos, mas interdependentes. A empresa cria valor para o cliente quando sua oferta de bens e serviços é adequada às necessidades e à propensão a pagar dele.

Esta proposta pode criar valor para além da dimensão do consumo — como mais benefícios sociais e ambientais. Ao criar valor para o cliente, a empresa captura parte dele em termos econômico-financeiros, além de por meio de elementos intangíveis como aprendizado, reputação e cumprimento da missão. O consumidor final e os outros atores da sociedade (stakeholders) capturam parte do valor criado em termos tangíveis com base na relação custo/benefício. Também capturam valores intangíveis como a apropriação de significados de um bem, a promoção de bem-estar, o desenvolvimento civil mútuo entre empresa e sociedade, a prática de cidadania e a preservação do meio ambiente — o que resulta na promoção da longevidade das relações entre empresa e stakeholders.

Como exemplo disso, pode-se citar a cadeia russa Ziferblat. O conceito do anticafé foi criado e implementado pela primeira vez por um escritor russo, chamado Ivan Meetin, em dezembro de 2010. Diferentemente de um café tradicional, nos anticafés a ideia principal é oferecer um espaço onde as pessoas possam interagir. O modelo desenvolvido é o *pay-per-minute* [*pague por minuto*, em tradução livre] que se aplica à rede de lojas Ziferblat — que significa "relógio" em russo e alemão (Zifferblatt). A diferença é que elas pagam pelo tempo de permanência e não pelo consumo ou utilização de certas facilidades.

O valor econômico do qual uma empresa se apropria leva em consideração o fato de que outros atores também capturam parte do valor criado no mercado. Para entender o mecanismo por trás da fatia capturada por cada um é importante apresentar alguns conceitos.

O primeiro deles é a *propensão a pagar* (Brandenburger *et al.*, 1996), que indica de quanto o consumidor está disposto a abrir mão em troca de uma solução. Lembre-se de que no Capítulo 1 foi enfatizado que uma das premissas da realização do valor é a sua percepção como tal (e isto varia de um consumidor para outro). A empresa cria valor para o cliente quando sua oferta de valor é adequada às suas necessidades e à sua disposição a pagar. Ao criar valor para o cliente, a empresa captura parte dele sob a forma de lucros e também por meio de elementos intangíveis que discutimos no capítulo anterior.

Digamos que o consumidor perceba o valor de determinada solução como o equivalente a $100, mas o preço dela no mercado seja $60. Pode-se dizer que — do ponto de vista do consumidor — a transação foi vantajosa. A diferença entre sua propensão a pagar e o preço pago representa o que é conhecido como **excedente do consumidor**. Esta é a fatia que ele capturou do valor criado no mercado.

Agora, pensando na perspectiva da empresa, o valor econômico do qual ela se apropria — isto é, o chamado **excedente do produtor** — é representado pela diferença entre o preço monetário praticado e o custo envolvido na produção.

Por outro lado, se incluirmos outro ator nesta construção — o fornecedor —, ele vai se apropriar da diferença entre o valor que a empresa pagou pelos recursos que ele forneceu e o seu custo de oportunidade. Este representa o custo no qual o fornecedor incorreria caso optasse por abrir mão da transação. Nesta dinâmica, o valor total criado no mercado é a soma dos valores apropriados pelos atores envolvidos. Porém, o valor capturado que nos interessa neste capítulo é o da empresa — a fatia que ela captura do valor total criado. Veja a ilustração na Figura 26.

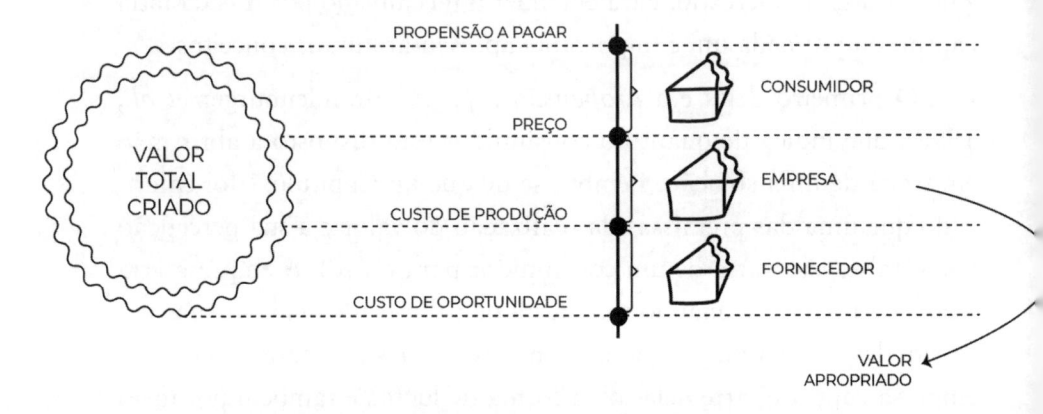

Figura 26: Valor total criado – Adaptado de Bradenburg, 1986
Fonte: Elaborado pelos autores

A criação de valor é a resultante entre a predisposição dos clientes em pagar por um produto ou serviço menos o custo total obtido para produzir um bem ou um serviço dentro de uma organização (Brandenburger & Stuart, 1996).

Assim, em detalhe, para criar valor (CV), conforme Brandenburger e Stuart (1996), leva-se em conta a cadeia produtiva onde uma empresa esteja inserida e a assimetria na estratégia entre todas as empresas que façam parte dessa cadeia. Ao se analisar as cadeias produtivas, deve-se que considerar a seguinte premissa: há a existência de pelo menos três atores — como, por exemplo, um fornecedor, uma empresa e um comprador.

Nesse contexto, a definição de criação de valor para Brandenburger e Stuart (1996) tem dois ingredientes a serem avaliados: (A) a predisposição para pagar de um consumidor (WtP) e (B) o custo de oportunidade (Co) dos fornecedores. Isso que significa, em outras palavras, as respectivas extremidades da cadeia produtiva sendo analisadas. A resultante — ou seja, o valor criado na cadeia produtiva — é definida como o primeiro ingrediente menos o segundo, sendo CV = (A) – (B), conforme ilustrado na Figura 27.

A partir da análise de posicionamento da organização na cadeia produtiva, o valor é criado como uma resultante do modelo de negócios. Deve-se considerar, contudo, as seguintes variáveis (Chesbroug & Rosenbloom, 2002):

- a melhor posição na cadeia;
- uma estimativa do custo de operação;
- a estimativa do potencial de lucratividade da organização; e
- a caracterização da posição da organização dentro da cadeia produtiva em relação aos demais atores a jusante e a montante da posição ocupada na cadeia produtiva pela organização.

Contemplada a relevância dada para a posição de uma organização dentro da cadeia produtiva, Casadesus-Masanell e Ricart (2011) sugerem que os componentes de um modelo de negócios devem ser contemplados em concordância com as escolhas feitas pelos gestores quanto ao formato e a dinâmica que a organização terá para criar valor. Como exemplo, podemos citar:

- a definição da padronização de remuneração dos funcionários e acionistas;
- a gestão de contratos de compras;
- o tipo do local físico das instalações onde as operações serão controladas;
- o grau de integração da organização com seus respectivos fornecedores de forma horizontal ou vertical;
- o formato e o uso de iniciativas de marketing e publicidade;

- os planos comerciais na formação de preços para as vendas; e
- a escolha mais homogênea ou heterogênea do perfil dos candidatos no ato das contratações de mão de obra.

Esses são alguns tipos de escolhas feitas para que a organização possa funcionar de maneira a criar valor.

Portanto, as escolhas estratégicas devem se correlacionar com a busca de criação de valor por meio do desdobramento dos objetivos estratégicos que a organização queira seguir, para assim, terem vantagens competitivas percebidas na cadeia produtiva, salientam Casadesus-Masanell e Ricart (2007, 2009 e 2010).

Valor Capturado e Modelo de Negócio

Lepak *et al.* (2007) argumentam que criação e captura de valor se tratam de conceitos amplos que podem ser vistos de várias e diferentes perspectivas — sejam elas pelos clientes finais, acionistas, funcionários, fornecedores, ou ainda pelos demais stakeholders.

Na visão da teoria neoclássica de economia, segundo Lieberman e Balasubramanian (2007), existem somente dois stakeholders habilitados a capturar o valor criado por uma organização — os clientes e os produtores.

Para Lieberman e Balasubramanian (2007), há captura do valor criado para o stakeholder — cliente — quando ocorre a queda do preço de um determinado produto ou serviço oferecido no mercado ou quando a qualidade do produto aumenta sem ser compensada por um aumento equivalente no preço de venda daquele mesmo produto ou serviço, também chamado de excedente do consumidor. Já o segundo grupo de stakeholders — os produtores — é caracterizado pelos acionistas das organizações que capturam o valor criado. Isso acontece somente se as organizações forem capazes de reduzir seus custos em relação aos custos praticados pela concorrência, ou, ainda, aumentar a qualidade do produto de forma a permitir que a organização venda os produtos ou serviços a um preço relativamente mais elevado que o seu custo produtivo — chamado de excedente do produtor.

Essas duas formas de criação de valor se comunicam com os conceitos preconizados por Porter (1980, 1985) no campo de estudos da organização industrial. Então, pode-se dizer que, na ótica econômica, o valor criado é simplesmente a soma do excedente do consumidor e do produtor (Garcia-Castro & Aguilera, 2014).

A apropriação — ou captura do valor criado — baseada na abordagem dos stakeholders é comprovada quando alguns desses stakeholders obtêm um valor presente líquido positivo na sua interação com a empresa. Neste caso, segundo Garcia-Castro e Aguilera (2014), o valor total criado por uma organização deve também incluir o valor capturado pelos seus stakeholders.

As métricas tradicionais, que geralmente são usadas pelas organizações para identificar o valor criado são:

- lucro líquido, que pode ser facilmente comparado ao longo do tempo;
- retorno sobre os ativos (*return on assets* — ROA); ou ainda
- retorno do capital próprio aplicado no negócio.

Tais métricas são facilmente contabilizadas e informadas nas declarações contábeis das organizações, mas elas omitem alguns componentes importantes de criação de valor de uma organização, destacam Lieberman e Balasubramanian (2007). Tampouco, não explicam o valor que a empresa cria para todas as partes interessadas (Harrison *et al.*, 2010), além do valor acumulado sobre o capital investido.

Muito embora não sejam diretamente observáveis nas demonstrações contábeis de uma organização, os retornos para outros stakeholders também são significativos — por exemplo, no aumento dos salários dos funcionários ou nos preços reduzidos para os consumidores (Garcia-Castro e Aguilera, 2014).

Os mesmos autores defendem uma proposta incremental com uma visão mais abrangente e propõem uma nova análise para a apropriação ou a captura do valor criado, que eles a chamam de *Value Creation Appropriation* – VCA, conforme é demonstrado na Figura 27:

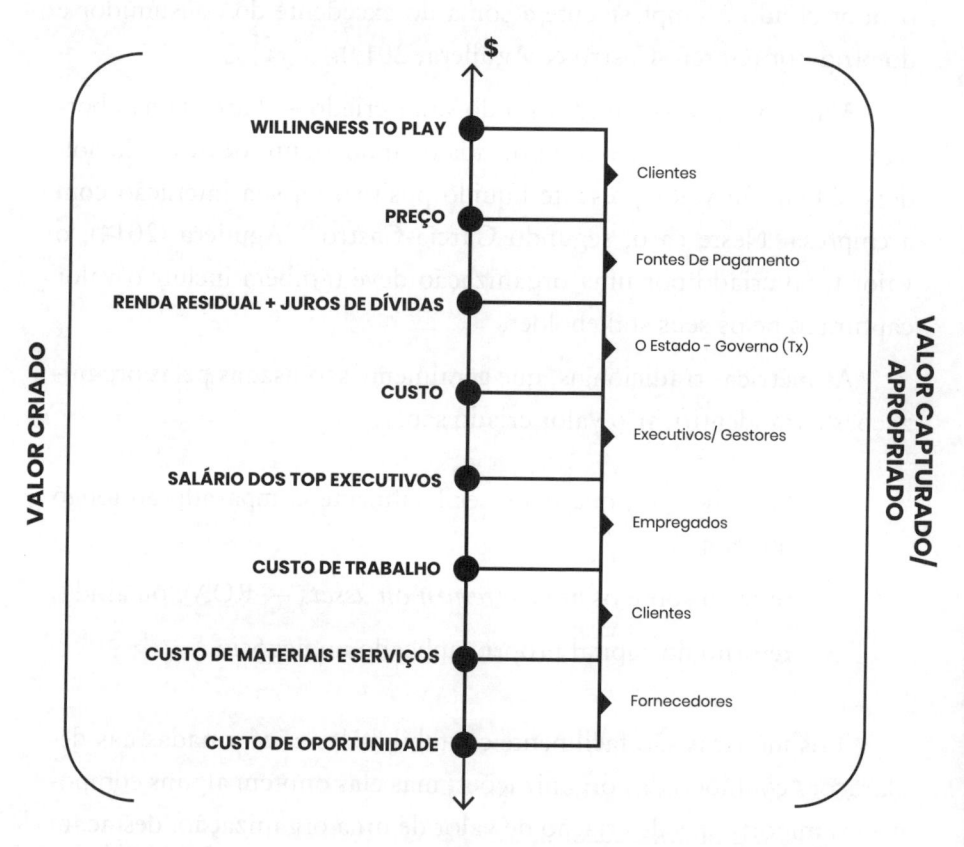

Figura 27: Valor criado e apropriado/capturado por múltiplos stakeholders
Fonte: Elaborado pelos autores

O principal aspecto que podemos analisar na Figura 27 é quanto ao valor criado para um grupo de stakeholders (acionistas ou shareholders) e o valor total criado pela empresa para ser compartilhado com os demais stakeholders que fazem parte de outro grupo.

A Lader Energy é um exemplo de modelo de negócios com ênfase na captura de valor. A empresa visa contribuir para reduzir o aquecimento global, ajudando empresas de energia renovável a conquistar acordos de venda de energia com taxas mais acessíveis, por meio da criação e entrega de projetos de energia solar e eólica *Ready To Build* – RTB.

Para alcançar um impacto significativo e sustentável na mitigação da mudança climática, a Lader Energy implementou um marketplace digital para:

1. comprar vários de projetos RTB — próprios e de terceiros — de alta qualidade para empresas de energia renovável ou investidores em diferentes países;
2. conectar interessados em investir e gerar lucro em pequenos e médios projetos de energia renovável, por meio de *crowdfunding* ou *crowdlending*;
3. conectar interessados em comprar energia solar ou ter instalação solar, oferecendo soluções financeiras, se necessário;
4. conectar pessoas e empresas interessadas em comprar e vender produtos e serviços relacionados com redução de emissão de CO_2 ou sustentáveis;
5. educar e formar em energia renovável, mudanças climáticas, sustentáveis e como fazer investimentos verdes, por meio de blog ou interação na comunidade;
6. comercializar a AWA Solar, a primeira água solar engarrafada de alta qualidade — com 100% de consumo renovável e responsável, entregando a pessoas ou empresas uma experiência de consumo relacionada à essência e à história do local (*terroir*) onde produzimos a AWA Solar (que pode

estar em qualquer lugar, oferecendo variedade a um preço acessível). Também com parte das receitas, trazer água para famílias e comunidades sem acesso. (e-book, iImpact, 2021).

Os resultados apresentam um acúmulo até 2021 de 259 MW de projetos solares criados e entregues aos nossos clientes, desbloqueando US$160 milhões de investimento verde na Argentina e no Chile; aumentando a lucratividade em 20% por projeto entregue. Houve uma redução de 70 mil toneladas de CO_2 por ano. Atualmente, criação de 600 empregos e geração de 372,6 GWh de energia limpa. Além disso, 3.000 MW de projeto de energia solar e eólica em desenvolvimento em 5 países (Chile, Argentina, Colômbia, Peru e Brasil).

Este é um bom exemplo de captura de valor e distribuição (a temática distribuição de valor será tratado no capítulo a seguir).

AUTODIAGNÓSTICO:

CONSEQUÊNCIAS		
CATEGORIA	SUBCATEGORIA	DESCRIÇÃO
VALOR CAPTURADO: Se refere ao retorno econômico-financeiro que o modelo de negócio gera para a empresa.	DIVIDENDOS	Capacidade de entregar valor monetário aos acionistas (resultante do valor capturado) e das metas traçadas e alcançadas.
	EBITDA	Capacidade de Geração de Caixa / Margem bruta que é fruto do valor capturado pela empresa.
	LUCRATIVIDADE	Lucro apurado pela empresa a ser distribuído, também é uma resultante da captura de valor e da lógica de funcionamento da empresa.

Figura 28: Mandala subcategoria – Valor Capturado
Fonte: Elaborado pelos autores

O valor capturado se refere ao retorno econômico-financeiro que o modelo de negócio gera para a empresa. Ele revela o quanto o negócio está capturando para si nas transações monetizadas de sua oferta de valor no mercado.

Para facilitar a análise deste componente, ele foi dividido em três partes: dividendos, EBITDA, lucratividade.

As afirmações a seguir se referem ao que o funcionamento do modelo de negócio gera para os acionistas e para a empresa em termos de lucro, fluxo de caixa e reinvestimento.

Em uma escala de 1 a 10, indique o quanto cada afirmativa reflete o momento atual de seu modelo de negócio.

AFIRMATIVAS	NOTA
1. O modelo de negócios da minha empresa é revisado **frequentemente** com o intuito de **maximizar o lucro gerado**.	
2. O **lucro apurado** pela minha empresa (resultante do valor capturado) **atende** aos objetivos e metas traçados pelos dirigentes/acionistas.	
3. O lucro apurado pela empresa é igual ou maior do que o esperado para a comercialização de nossa oferta de valor.	
4. No que se refere aos recursos, atividades e posicionamento — além da oferta de valor —, as **escolhas do meu modelo de negócio** permitem uma **geração de receita superior** à média do mercado.	

▷

AFIRMATIVAS	NOTA
5. O **índice de reinvestimento** (fruto do valor capturado) na minha empresa está **acima** de sua faixa histórica e é superior à depreciação.	
6. Existe uma **despesa financeira** (proveniente de dívida ou financiamento) compatível com a capacidade de **geração de caixa** da minha empresa.	
7. A **captura de valor** resulta da lógica de funcionamento do modelo de negócio e é capaz de **entregar valor monetário** aos acionistas.	
8. O valor monetário que a empresa entrega aos acionistas é igual ou superior ao esperado diante da comercialização da oferta de valor.	
9. A distribuição de dividendos leva em conta uma política de retroinvestimento no modelo de negócios e na oferta de valor da empresa.	

Valor Distribuído

Nos dois capítulos anteriores, abordamos as consequências de valor na perspectiva da empresa: o que ela cria de vantagens para si (valor criado) e a fatia que ela captura do valor econômico total do mercado (valor apropriado). Agora, passamos a uma dimensão do valor que possui múltiplos interesses. Lembre-se de que no início desta obra (primeiros capítulos), afirmamos que a discussão sobre valor nos conduz, inevitavelmente, à pergunta: "valor para quem?"

É com esta questão em mente que acreditamos que uma organização, nos tempos atuais, busca identificar, monitorar e mensurar o valor que suas atividades e oferta de valor proporcionam — direta ou indiretamente — para diferentes stakeholders. Esse é o tema que será tratado nesta seção: o valor distribuído. Este termo significa a capacidade de distribuir todos os benefícios — tangíveis ou não — que a operação do modelo de negócio gera para as partes interessadas dentro e fora da empresa (Porter, 2011). Portanto, é aqui que abordaremos o valor que o modelo gera para os clientes, colaboradores, fornecedores, parceiros, governo, sociedade, ambiente etc.

O valor distribuído é entendido como um benefício que um stakeholder recebe. Existem diferentes maneiras pelas quais o valor pode ser distribuído: programas sociais de serviço às comunidades, salários mais competitivos para os funcionários, melhores condições para negociar com os provedores, preços mais baixos para os clientes, desenvolvimento educacional dos funcionários pela adoção de programas de voluntariado, entre outras formas (Harrison, Bosse & Phillips, 2010).

Para Sarturi *et al.* (2015) a distribuição de valor é a combinação de resultados tangíveis — salários, produtos de qualidade e dividendos — e intangíveis — segurança no trabalho e relacionamento estável que uma empresa apresenta para seus stakeholders e que satisfazem suas demandas para a manutenção deste relacionamento.

Como citado anteriormente, os stakeholders representam qualquer indivíduo ou grupo que pode afetar ou ser afetado pelo alcance dos objetivos propostos por uma empresa (Freeman, 2010). Por isso, são chamados de "partes interessadas" em relação às atividades empresariais.

É possível dividi-los em dois grupos mais amplos (Clarkson, 1995). O primeiro é composto por agentes cuja participação na empresa não pode ser interrompida, pois são cruciais para sua sobrevivência, como por exemplo colaboradores, fornecedores, clientes, governo e a comunidade na qual a empresa está inserida. No segundo grupo estão os stakeholders que influenciam ou afetam, de alguma maneira, a empresa e vice-versa, mas não estão envolvidos em suas transações como, por exemplo, a mídia.

Em função do impacto e participação dos stakeholders no ambiente empresarial é importante atentar para seus diversos tipos de interesses. Este equilíbrio representa um dos principais mecanismos de que os gestores dispõem para promover e manter o apoio de seus principais stakeholders, além de endereçar ações que os atendam. Contudo, esta não é uma tarefa fácil.

É preciso manter em mente que diferentes stakeholders terão múltiplas visões quanto ao que é valor. Isto acontece em função da diversidade de conhecimento, objetivos e contexto em que vive cada um dos stakeholders (Lepak *et al.*, 2007). Indivíduos, organizações e sociedade podem até mesmo ter perspectivas conflitantes sobre o valor de um mesmo aspecto. É por isso que a criação de valor que leva em consideração os stakeholders procura entender e conciliar múltiplos pontos de vista sobre o que significa valor. Assim, torna-se relevante entender o que é Valor.

O debate entre lucratividade e responsabilidade

É importante situarmos o debate acerca do valor para a empresa e seus acionistas e o valor social e ambiental. Seriam valores paradoxais (DeWit *et al.*, 2010).

Ao olharmos para a palavra "lucratividade", obviamente a associamos ao lucro. E as empresas precisam dele para competir e sobreviver. A preocupação com a responsabilidade socioambiental ganhou espaço nas organizações, embora muitas têm agido como se devessem apenas mostrar algum tipo de comportamento responsável para atrair a confiança e apoio de seus principais stakeholders (*Global Impact Inesting Network*, 2020).

A tensão entre estes pontos (lucratividade e responsabilidade) pode acontecer porque o mais comum é o empenho pelo primeiro. E o comportamento responsável custa dinheiro que pode interferir na margem de lucro. Então, se ambos fazem parte do propósito da organização, a tensão existirá, e a otimização de um vai, eventualmente, entrar em conflito com a maximização do outro.

Neste debate existem duas perspectivas tradicionais: a do shareholder e a do stakeholder. Na primeira, a empresa pertence aos seus proprietários e deve atuar de acordo com seus interesses. O propósito é criar valor econômico para os que investem capital no empreendimento. Isto não significa necessariamente deixar de lado os interesses de outros stakeholders — é uma questão de ênfase. Por outro lado, a perspectiva de valor dos stakeholders chama a atenção para outras demandas — não necessariamente financeiras — de outras partes interessadas, desde os colaboradores até o entorno no qual a empresa atua. Com esta interpretação podemos compreender a forte demanda de práticas e evidências de impacto positivo promovido pela adoção de estratégias em prol do ESG (*Environmental, Social, Governance*). No período pós-pandemia, por exemplo, observamos uma forte demanda emergindo da sociedade — e em especial por instituições financeiras e seguradoras — por evidências de impacto positivo e métricas ou indicadores que comprovem as práticas adotadas pelas organizações em prol do ESG.

Sendo assim, o valor de um negócio não está apenas naquilo que ele gera para si por meio da transação com o mercado. É importante gerar um impacto positivo para além de suas fronteiras. Os Objetivos de Desenvolvimento Sustentável (ODS) propostos pela agenda 2030 ONU se consolidam cada vez mais como uma linguagem comum para a identificar, estabelecer e reportar os alvos de impacto. Os 17 ODS se tornaram referência, uma vez que contemplam os grandes problemas que — em maior ou menor grau — afetam pessoas, organizações e nações.

Mas as preocupações por trás do ESG não são novas, apenas se tornaram urgentes. Como afirma John Elkington — que há 25 anos cunhou o conceito de *Triple Bottom Line* (tripé da sustentabilidade): "já ultrapassamos alguns limiares críticos, por isso seremos forçados a tomar ações de emergência ao longo dos próximos anos" (John Elkington, 2021).

Em 2004, o acrônimo ESG surgiu quando o então secretário-geral da ONU, Kofi Annan, desafiou CEOs de instituições financeiras a pensarem na integração de questões sociais, ambientais e de governança. Esse desafio ecoou ao longo do tempo, provocando reflexão para uns, prática para outros e nada para a maioria.

Em janeiro de 2020, a carta anual de Larry Fink aos CEOs de empresas investidas pela Black Rock trouxe a relação entre propósito e lucro para o centro das decisões de investimento (site da Black Rock, 2019). No mesmo ano, o Manifesto do Fórum Econômico Mundial declarou que a criação de valor de uma empresa deve ir além dos shareholders, e conciliar as expectativas de todas as partes interessadas, inclusive de seu entorno social e ambiental (site do Fórum Econômico Mundial, 2020). Mais tarde, a crise global instaurada em função da pandemia tratou de reforçar a relevância deste caminho. No mesmo sentido, o debate de 2021 no Fórum Econômico Mundial deu destaque às métricas de ESG como forma de apoiar o enfrentamento dos desafios globais persistentes.

No entanto, mesmo com a urgência e a importância do conceito, há empresas que ainda não conseguiram aplicá-lo. Na verdade, sua prática começa com o entendimento de que não basta entrar no debate, estampar o acrônimo e incluir elementos pontuais para garantir reputação (isso significa aderir a um modismo). A tripla dimensão envolvida no ESG envolve responsabilidade e compromisso com o contexto que influencia e é influenciado pela maximização do retorno para os acionistas (isso significa inserir o conceito na gestão).

Transformar o discurso em prática e fazer da agenda ESG uma realidade concreta e abrangente no mundo corporativo nacional é o grande desafio das empresas. Isso é o que demonstra o estudo inédito realizado pelo Instituto FSB Pesquisa para a Beon. Ele revelou que, embora 80% dos executivos tenham afirmado que questões sociais importantes estão presentes na estratégia de negócios, apenas 22% realizam gestão e acompanhamento dos seus temas ESG relevantes. Em quesito de maturidade na gestão da sustentabilidade, 60% das empresas entrevistadas admitiram não possuir estratégia nesse sentido, comprovando que ainda há muito o que evoluir.

Em resposta, a inovação tem se mostrado como a chave para suportar essas necessidades de desenvolvimento e mudanças de paradigma e culturais nas organizações. Principal motivadora no processo de mutação industrial que revoluciona a cadeia de valor, a inovação estimula a criação e adaptação dos produtos sob a ótica da economia circular, promovendo o aproveitamento inteligente dos recursos e impactando ainda na redução dos custos da empresa. Tais medidas focam, por exemplo, na conservação de energia, na otimização de processos para reduzir os gastos com insumos, na diminuição de desperdícios, na recirculação das águas, dentre outros objetivos.

Acreditando que focar no ESG representa não apenas melhora no desempenho financeiro das empresas, como o fortalecimento da proposta de valor dos funcionários e a atração de clientes fiéis, o relatório CEO Outlook 2022, da KPMG, mostrou que 62% dos CEOs entrevistados disseram que pretendem investir pelo menos 6% de receitas em programas que permitam que suas organizações se tornem mais sustentáveis.

Valor distribuído e Modelo de Negócio

O valor distribuído, por sua vez, permite que o modelo de negócio mantenha em vista não apenas a perspectiva da empresa, mas também a de seus stakeholders. A literatura enfatiza que o modelo de negócio ultrapassa as fronteiras da firma, como sustentam Amit e Zott (2001), mas os frameworks em estudo não apontam nesta direção — sua análise está centrada na firma *per se*.

Segundo De Brito e Brito (2012), o que se percebe é que o processo de criação de valor, seguido pela distribuição do valor criado, traz efeitos para várias dimensões do desempenho organizacional. Assim, conclui-se que a criação de valor está ligada à compreensão das inter-relações funcionais entre os ativos e os recursos que uma organização possa deter. Essa inter-relação, ao ser bem-sucedida, gera valor — ainda que sob a ótica de aspectos internos da empresa —, caracterizando-se como vantagem competitiva reconhecida por atores da cadeia produtiva.

Em outras palavras, o valor distribuído é a combinação de resultados tangíveis e intangíveis que uma empresa distribui para seus stakeholders para atender às suas demandas e manter o relacionamento entre eles. Portanto, parte do valor criado pela empresa — seja em termos econômico-financeiros ou não — é distribuído de alguma forma para suas partes interessadas. O valor distribuído pode ser compreendido como o benefício desfrutados pelos stakeholders como consequência das escolhas da empresa relativas ao seu modelo de negócio.

A identificação e análise desta distribuição permite que o modelo vá além das fronteiras do negócio e mantenha em vista não apenas a perspectiva da empresa, mas de outros atores e do que significa valor para eles. Possibilita também a inclusão de questões éticas acerca do papel e no relacionamento entre os diversos envolvidos na criação de valor.

Os benefícios distribuídos não se restringem à esfera econômico-financeira, mas também podem ser de ordem qualitativa em função do que é valor para os diversos stakeholders. Existem diferentes formas de distribuir valor: programas sociais que oferecem serviços para a comunidade, salários mais competitivos para os colaboradores, melhores condições na relação com os fornecedores, preços mais baixos para os clientes, reconhecimento dos colaboradores, capacitação para os colaboradores (Harrison *et al.*, 2010).

Para que um modelo de negócio distribua valor é necessário que, em suas escolhas, ele contemple sua criação tendo em vista os interesses de seus principais stakeholders, considerando seus diferentes pontos de vista sobre o que é valioso para eles em função de seu conhecimento, objetivos e contexto (Lepak, 2007). Quando o modelo de negócio envolve esta reflexão, traz uma mentalidade de reconhecimento e equilíbrio das necessidades para além de questões referentes à vantagem competitiva, lucratividade e rentabilidade.

Na verdade, falar em valor significa pensar em múltiplos olhares: o valor para a empresa, seus funcionários, clientes, fornecedores, sociedade, ambiente. Enfim, as escolhas de um modelo de negócio causam impacto em diferentes públicos — não apenas do ponto de vista econômico-financeiro, mas outros tipos de valores também entram em cena.

O caso da grife brasileira Doisélles — que produz moda de luxo em tricô manual — entrega não apenas o valor do produto para o cliente final, mas agrega a ele o valor de sua filosofia de gestão e do processo produtivo. Tais benefícios se estendem para além do que se pode mensurar. Desde pequena, as mãos de Raquell Guimarães já entrelaçavam os fios com as agulhas de crochê e tricô de sua avó, seguindo a tradição mineira. Ao retornar da feira de Paris com vários pedidos alavancados pelas feiras internacionais, Raquell se deparou com o dilema da mão de obra. No entanto, ela buscou a solução de uma maneira inusitada.

Foi então que a Doisélles — nome da marca — pensou em realizar sua produção por meio da oferta de trabalho em uma penitenciária. Desta forma, seria possível reunir a produção em um só local com ritmo, controle de qualidade e volume compatíveis com seu mercado.

Raquell foi adiante nas negociações e formatação da parceria com a unidade prisional para colocar o projeto "Flor de Lotus" de pé. "Lá eles não têm liberdade, mas têm tempo. Aqui temos liberdade, mas não temos tempo. Então, eles vendem seu tempo para a empresa em troca de liberdade", comenta a designer. Essa foi a solução encontrada para o seu modelo de negócio. Aliás, Raquell já tinha essa ideia em mente quando visitou o presídio Carandiru, em São Paulo. Foi assim que a empresa incorporou como um dos componentes de seu modelo de negócio o recurso humano que é marginal — isto é, que literalmente está à margem, de alguma forma descartado em função das escolhas que fez —, mas agora tinha a oportunidade de retornar ao fluxo da vida ativa e digna.

Foi na penitenciária de segurança máxima em Juiz de Fora — e posteriormente no complexo público-privado de Ribeirão das Neves (ambos no estado de Minas Gerais) — que as delicadas peças de tricô que exigem sensibilidade e coordenação motora fina começaram a ser produzidas pelas mãos calejadas de homens que cometeram crimes contra a sociedade.

O modelo de negócio da Doisélles entrelaçara a relação entre o que parecia improvável. Ela combina fios tecnológicos e rudimentares transformados em peças femininas delicadas por mãos masculinas que vieram de um contexto de violência. É um modelo que une o valor estético e o econômico a outros tipos de valores: éticos, humanos e afetivos. Isso reforça a máxima de que os benefícios distribuídos não se restringem apenas à esfera econômico-financeira, mas também em função do que é valor para os diversos stakeholders.

A filosofia por trás do valor criado para o cliente da marca tem a ver com o conceito de *slow fashion* — que valoriza recursos locais, preza produtos duradouros em termos de vida útil e promove a consciência socioambiental de produtores e consumidores.

Com isso, o valor oferecido ao cliente passa pelo pioneirismo do estilo amplo das peças da Doisélles — no *handmade* moderno e na sua proposta de valor. Assim, a Doisélles se posiciona no mercado para um público que reconhece o valor do produto feito à mão localmente (mas com alcance internacional), alinhado com a sustentabilidade e com os impactos sociais positivos.

Em termos de valor distribuído pelo modelo de negócio da Doisélles, a estratégia é alcançar o ambiente, seus fornecedores, a educação da consciência de produção e consumo e a sociedade. Além de solucionar a necessidade da mão de obra por parte da empresa, sua iniciativa ofereceu mais do que profissionalização, ocupação e geração de renda. O valor distribuído pode ser compreendido como o benefício desfrutado pelos stakeholders como consequência das escolhas da empresa.

Em sua trajetória, a marca experimentou uma série de mudanças estruturais em seu modelo de negócio. Além dos showrooms nacionais e internacionais, por três anos forneceu peças de tricô para grandes grifes brasileiras na modalidade *private labels* — produção da Doisélles com etiqueta da grife contratante — que sustentava a produção do projeto, mas mantinha o preço da peça produzida em níveis muito baixos.

Em 2014, Doisélles decidiu mudar o posicionamento de sua oferta de valor ao fazer peças únicas com poucas unidades produzidas. Essa mudança marcou o início de uma fase mais lucrativa, uma vez que o custo com o material era praticamente zero. Raquell optou por trabalhar apenas com cerca de vinte egressos já treinados e capacitados pelo projeto "Flor de Lótus".

As escolhas que levaram a marca a um formato mais enxuto parecem mais coerentes com a mentalidade *slow fashion*. O foco do modelo de negócio agora é *inside-out*. Em vez de ser dirigido pelas demandas externas e escaláveis do cenário frenético da moda, ele tem como ponto de partida seus recursos e capacidades internas, refletindo um desejo pessoal da designer: ser uma pequena produtora, apenas artesã, fazendo a sua arte e plantando a semente da transformação na vida de seus colaboradores. Seu estilo de vida se transformou no estilo de negócio da sua empresa (Case Doisélles, 2018). Atualmente Raquell tem se dedicado a outros projetos sociais.

A Agenda Edu, uma startup já referenciada na seção sobre Oferta de Valor, distribui valor quando o engajamento entre os seus stakeholders — escolas, alunos e responsáveis — é percebido pelo benefício que a tecnologia oferece, pelo incentivo à manutenção da conexão com alunos e famílias de forma a dar continuidade à jornada educacional, além da contribuição para a redução da exclusão social. A startup também entrega valor a partir do momento em que organiza eventos online para auxiliar na adaptação dos educadores e das famílias à nova realidade do mercado — como no cenário da pandemia.

Por meio da tecnologia a empresa elimina intermediários e consegue atingir um valor de 20% a menos do que o cobrado nos mercados tradicionais (e-book, iImpact, 2020). A Figura 29 ilustra este caso.

SOLUÇÃO: TODAS AS FUNCIONALIDADES QUE A ESCOLA PRECISA EM UM APP

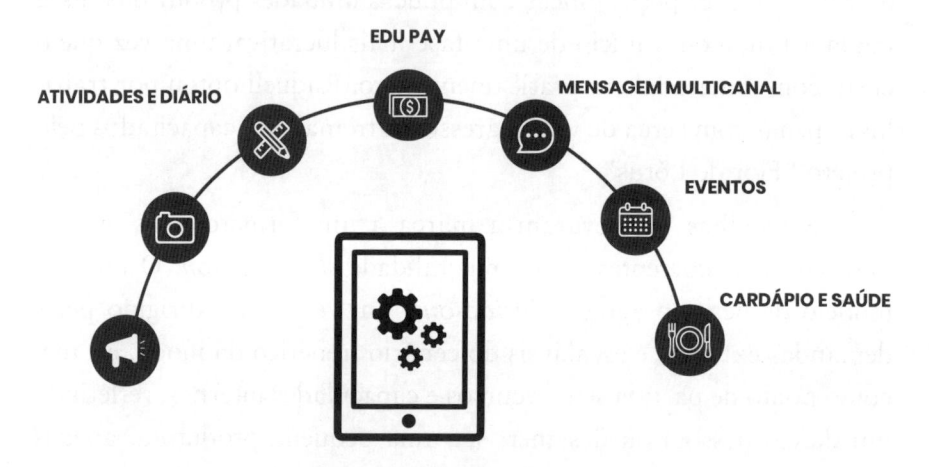

Figura 29: Solução Proposta – Agenda Edu
Fonte: Elaborado pelos autores

A solução incorporada pelo app EduGo ajuda os responsáveis no controle de saída dos alunos, evitando a formação de filas duplas no trânsito e no entorno das escolas. Já a EduMenu, contribui para a diminuição da aglomeração de alunos na hora da retirada do lanche e da alimentação.

Outro exemplo que podemos usar para ilustrar o valor distribuído é a Santa Food Orgânicos — uma *foodtech* de impacto social com foco na cadeia de orgânicos e empregabilidade. O objetivo é gerar renda e fomentar a microeconomia por intermédio do acesso democratizado por meio da tecnologia. A startup do setor de alimentação entrega produtos de pequenos agricultores periurbanos e cozinhas independentes. Os pedidos podem ser feitos para produtos avulsos ou em cestas personalizadas na porta do cliente. A empresa foi reconhecida pelo selo iImpact da Fundação Dom Cabral (FDC) em 2020 (e-book, iImpact, 2020).

Ao conectar consumidores a cozinhas independentes e a produtores orgânicos peruanos, a startup otimiza e democratiza a cadeia produtiva. Além disso, distribui valor não somente ao gerar benefícios econômico-financeiro que são desfrutados pelos produtores e cozinhas independentes, mas valores intangíveis como o empoderamento de mulheres que trabalham em casa e se tornaram empreendedoras individuais desse ecossistema.

Ao expandir essa rede, as microempreendedoras criam acesso ao mercado e impulsionam os agricultores orgânicos peruanos. Como consequência, o modelo de negócio impacta na qualidade de vida das famílias rurais e urbanas que buscam por produtos sustentáveis, retroalimentando a cultura orgânica e fortalecendo a microeconomia circular.

O modelo tem como premissas reduzir a quantidade de desperdício de alimentos, o descarte correto do lixo orgânico e até mesmo a redução de doenças crônicas não transmissíveis, além da conscientização do consumidor sobre a cadeia de abastecimento.

A metodologia desenvolvida e denominada *3 steps for micro economy*, (Reduzir, Reaproveitar e Reciclar), integra a plataforma digital e conecta esses públicos — com banco de dados automatizado, mapeamentos por geolocalização, pedidos e processos padronizados. Todos os processos internos, treinamento e desenvolvimento dos parceiros estão focados na metodologia 3R's.

Assim como a empresa de moda *slow fashion* Doisélles, a filosofia da startup por trás do valor criado para os stakeholders, valoriza os recursos locais e a mão de obra. Além disso, ela preza pela sustentabilidade dos produtos e pela preservação e regeneração de áreas rurais — impactando na consciência socioambiental de todos os consumidores.

Um dos desafios da Santa Food foi encontrar uma forma de disseminar a cultura orgânica por meios do processo de inclusão social e econômica. Também foi apoiar mulheres que estão fora do mercado de trabalho a se desenvolverem como microempreendedoras individuais, gerando renda para a família e retomando o seu autopertencimento e valor. Essa distribuição permite que o modelo vá além das fronteiras do negócio e mantenha a visão dos stakeholders e do que significa valor para eles e o papel de cada um.

O modelo logístico de microrregiões foi desenvolvido visando à facilidade do trajeto do cliente, que tem a opção de retirar os produtos ou recebê-los de forma conveniente por empresas de logística tradicionais ou sustentáveis — que possuem o compromisso com a redução de emissão de CO_2 para a atmosfera. Foi criada uma cadeia de microcentros de produção e distribuição de produtos orgânicos distribuídas em microrregiões. Essa microcadeia visa oferecer os produtos de forma conveniente, prática e segura através das plataformas Santa Food Marketplace e Eco Santa Food (e-book, iImpact, 2021).

Ainda na esfera de mais exemplos de valor distribuído, citamos o Social Bank — um banco digital no Brasil. Este banco possui todos os recursos básicos de um banco tradicional, porém com menos burocracia, menos custo, mais agilidade e mais acesso. O objetivo é diminuir a lacuna econômica e social, oferecendo produtos e serviços de desintermediação financeira, com impacto social e que valorizem o indivíduo, gerando mais oportunidades para todos (e-book, iImpact, 2021). É uma empresa certificada pelo sistema B.

A startup atua em algumas frentes como refugiados, mulheres, populações negras, trabalhadores rurais, adultos e catadores de recicláveis, formando um ecossistema colaborativo que traz soluções financeiras e conecta pessoas. Ao conectar vários stakeholders, a startup ressignifica o acesso ao dinheiro e promove o bem colaborativo.

Por meio de seu modelo de negócio, o Social Bank consegue mudar a realidade dos públicos com os quais trabalha, impactando cada um a sua maneira. Para os trabalhadores rurais, a empresa promove o primeiro contato com o sistema financeiro emponderando seu capital econômico. Para os refugiados, facilita a sua entrada no mercado financeiro em uma situação que já é de extrema vulnerabilidade. E para as famílias das ONGs parceiras, atua na promoção da educação, inclusão e empoderamento financeiro por meio das soluções digitais criadas. Todas as conexões e intermediações realizadas geram efeitos positivos causados pela atitude social ao impactar a realidade atual e o futuro das famílias brasileiras.

Outro exemplo que podemos citar é a startup peruana Yanni Shoes. A startup foi fundada para proporcionar novas oportunidades aos idosos. Assim, criou um modelo de negócio em que oficinas de artesãos são formadas aproveitando a experiência e habilidade dos idosos, para que tenham de volta o resgate da autoestima e da utilidade.

De acordo com a CEO da startup, Yanira Villalta, o propósito é gerar um modelo de negócio replicável e rentável, por meio da padronização de processos artesanais e semi-industriais, que permitam a confecção de calçados de forma eficiente, produtiva, facilmente acessível e com altos níveis de escalabilidade. "Dessa forma, os participantes podem se sentir úteis, evitando doenças psicológicas e físicas, que em muitos casos acabam com a morte", justifica Yanira Villalta.

Por meio da capacitação e implantação de oficinas artesanais adequadas com ferramentas para pessoas com habilidades especiais em zonas vulneráveis — sejam eles deslocados do trabalho, idosos ou pessoas com deficiência — a startup utiliza recursos comuns no seu modelo de negócio.

Além do impacto social, a produção das alpargatas gera um apelo socioambiental por serem confeccionadas a partir do reaproveitamento de resíduos têxteis das fábricas locais. As solas são obtidas a partir de um processo de reciclagem de pneus de borracha. Tudo isso permite gerar um modelo de negócio circular e sustentável, distribuindo valor para toda a cadeia (e-book, iImpact, 2021).

Dentre os resultados apresentados, houve um aumento em 50% na renda de cada artesã em cada comunidade; redução de 5% no lixo das balanças têxteis de três fábricas locais no Peru e no Equador. Gerou empregos para trinta pessoas com deficiência física e que estavam sem emprego da Fundação Asperddi de Collique, na capital Lima.

AUTODIAGNÓSTICO:

O valor distribuído consiste nos **bens tangíveis e intangíveis — provenientes do funcionamento do modelo de negócio — distribuídos para os stakeholders dentro e fora da empresa.**

Os stakeholders considerados no framework VoC são:

1. Colaboradores e Fornecedores;
2. Clientes; e
3. Sociedade e Ambiente.

Ao preencher o formulário do framework ou analisar o valor criado, pense nos benefícios que cada um dos grupos se apropria como resultado direto do funcionamento do seu modelo de negócio.

O valor para os colaboradores envolve questões relacionadas não somente à remuneração, planos de saúde, aposentadoria, participação nos lucros, mas também ao ambiente de trabalho, programas de bem-estar, jornada e modalidade de trabalho. Enfim, envolve todos os fatores que influenciem os níveis de engajamento e satisfação dos colaboradores e sejam reconhecidos por eles como valor.

Lembre-se de que em seções anteriores discutimos quão importante é a percepção de valor por parte do cliente. No fim das contas esta é uma questão que pertence ao julgamento do cliente. Por isso, procure destacar como valor distribuído para ele o que realmente é percebido pelo cliente como tal e não o que o seu modelo "pensa" que entrega.

Para a sociedade e o ambiente, considere a contribuição intencional — e reconhecida — de seu modelo de negócio em termos de mitigação de problemas específicos ligados às 17 ODS apresentados na Figura 30.

Figura 30: 17 ODSs (Objetivos de Desenvolvimento Sustentável)
Fonte: Agenda 2030 – ONU

AUTODIAGNÓSTICO

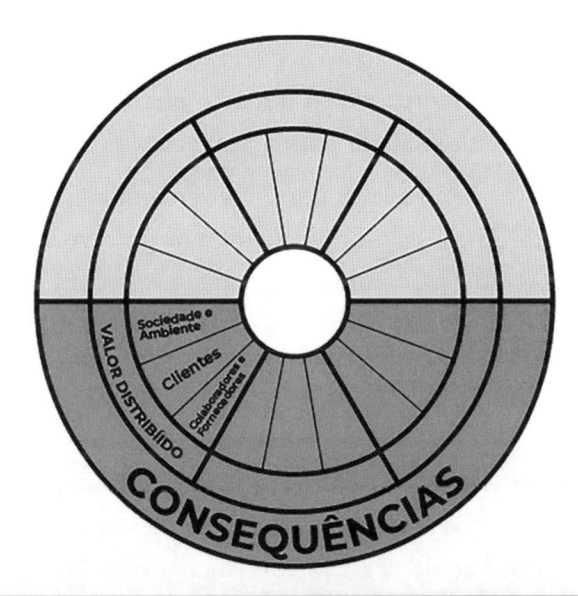

CONSEQUÊNCIAS		
CATEGORIA	SUBCATEGORIA	DESCRIÇÃO
VALOR DISTRIBUÍDO: Representado pelos benefícios tangíveis e intangíveis que o funcionamento do modelo de negócio gera (intencionalmente) para os stakeholders dentro e fora da empresa (colaboradores, fornecedores, sociedade e ambiente).	SOCIEDADE/ AMBIENTE	Gerar impacto positivo para além de suas fronteiras; mensurar e reportar evidências de sua contribuição com transparência para a sociedade.
	CLIENTES	Os atributos da oferta de valor (do preço à usabilidade) devem criar valor para o cliente.
	COLABORADORES/ FORNECEDORES	O modelo de negócio deve gerar valor para os colabores/fornecedores nas suas relações, desenvolvimento, reconhecimento e longevidade. Ex.: plano de carreira, assistência médica, remuneração, relações justas e sustentáveis, entre outros....

Figura 31: Mandala subcategoria – Valor Distribuído
Fonte: Elaborado pelos autores

Porém, em sua análise, é preciso ter em mente que, tão importante quanto gerar valor social e ambiental, é saber mensurá-lo e reportá-lo. Os indicadores dão ao negócio e aos seus stakeholders a capacidade de medir e compreender o impacto efetivamente gerado. Isso traz transparência e realidade para a atuação.

As afirmações a seguir se referem aos benefícios que o funcionamento do modelo de negócio gera para colaboradores, fornecedores, sociedade e meio ambiente, e que são reconhecidos por estes stakeholders como valor. Em uma escala de 1 a 10, indique o quanto cada afirmativa reflete o momento atual de seu modelo de negócio.

AFIRMATIVAS	NOTA
1. Quanto à **base de recursos** utilizada, as escolhas do meu modelo de negócio contribuem para gerar valor para **colaboradores e fornecedores.**	
2. Em relação ao **sistema de atividades** empregado, as escolhas do meu modelo de negócio contribuem para gerar valor para **colaboradores e fornecedores.**	
3. As escolhas do meu modelo de negócio, quanto ao **posicionamento adotado,** contribuem para gerar valor para **colaboradores e fornecedores.**	
4. A **base de recursos** que meu modelo de negócio emprega contribui para gerar valor para **os clientes.**	
5. Quanto ao **sistema de atividades empregado,** as escolhas do meu modelo de negócio contribuem para gerar valor para **os clientes.**	

▷

AFIRMATIVAS	NOTA
6. O **posicionamento adotado** pelo meu modelo de negócio gera valor para **os clientes.**	
7. As escolhas do meu modelo de negócio, quanto à **base de recursos,** contribuem para gerar valor para **a sociedade ou meio ambiente.**	
8. O **sistema de atividades** escolhido pelo meu modelo de negócio gera valor para **a sociedade ou meio ambiente.**	
9. O **posicionamento adotado** pelo meu modelo de negócio contribui para gerar valor para **a sociedade ou meio ambiente.**	

O CASO EXTRA:
MRV

8

> O caso MRV é um exemplo a ser conhecido

Com o objetivo e o slogan de "realizar o sonho da casa própria" para pessoas de baixa renda, em 2017 a MRV tinha se tornado a maior empresa de construção residencial no Brasil e uma das maiores do mundo. Com sede em Belo Horizonte, no estado de Minas Gerais, estava presente em 148 cidades e 22 estados do país, onde seus mais de 22 mil empregados produziam um apartamento a cada três minutos. O foco consistente da empresa em construir com baixo custo, mas sempre atenta a agregar valor para os seus clientes — seja através de financiamento, projetos diferenciados, localização dos empreendimentos, assistência técnica e outros serviços aos clientes — a permitiu crescer no mercado de construções para baixa renda nas décadas de 80 e 90.

Buscando a liderança no seu setor, a empresa abriu o seu capital em 2007. E, a partir de então, cresceu vertiginosamente — especialmente após o lançamento do Programa Minha Casa Minha Vida (PMCMV) em 2009. Visando diminuir o déficit habitacional brasileiro, o PMCMV estava orientado à produção e oferta de novas moradias populares, a preços subsidiados. A expertise da MRV no mercado de construção para baixa renda vinha ao encontro dos objetivos do PMCMV. Isso permitiu que a empresa aprimorasse e se beneficiasse de um modelo de negócios marcado pela criação de valor para si e para diversos atores — clientes, investidores, empregados, fornecedores, agências financeiras, o governo e a população brasileira.

Os anos 2000 foram caracterizados pela estruturação dos processos internos da MRV.

"À medida que a empresa ganhou escala, houve investimentos maciços em tecnologia, em treinamento, em processos. O planejamento mudou. Ele era concentrado 'na ponta'. Hoje ele ocorre no escritório. Há todo um pré-planejamento de projetos de compatibilizações que antes não acontecia. Hoje temos ferramentas que nos permitem um nível de precisão de controle para planejamento", destaca Eduardo Fisher.

Em 2000, a MRV lançou um plano de financiamento próprio com prestações fixas, direcionando ainda mais seus produtos e projetos para públicos de baixa renda. Entretanto, o novo contexto macroeconômico e a estabilidade pós plano Real do início dos anos 2000 permitiam maior concessão de crédito pelos bancos, o que levou a MRV a retirar o foco do financiamento próprio.

Em um momento de significativas oportunidades para o setor de construção civil — sobretudo em torno do público-alvo da MRV —, em 2006 a empresa recebeu um investimento do fundo britânico de *private equity* Autonomy Capital.

Na preparação para o processo de abertura de capital, a MRV contou com a assessoria dos bancos de investimento ABN Amro e BS Pactual.

Em 13 de julho de 2007, a MRV concluiu o processo de abertura de capital. Rodrigo Resende, diretor comercial, de marketing e de comunicação interna da MRV, comenta sobre esse momento vivido pela empresa: "A empresa de capital fechado opera de modo totalmente diferente de uma empresa de capital aberto. Você tem que mudar a forma como se comporta. A empresa passa a girar em torno de ciclos trimestrais; então, as entregas trimestrais são fortes. Você passa a ser comparado com outras empresas, pois todos os seus indicadores de performance passam a ser públicos."

Com o lançamento da fase três do Programa Minha Casa Minha Vida, em 2016, as perspectivas de alta performance da MRV se acentuaram. A identidade da empresa estava definida e alinhada interna e externamente para a execução de uma nova fase de crescimento vislumbrada pela empresa. A ambiciosa estratégia da empresa em 2017 baseia-se na premissa da existência de um déficit habitacional enorme no Brasil — e, consequentemente, um amplo mercado para construção de moradias para baixa renda.

No período entre 2014 e 2017, a MRV fez grandes investimentos para formar um *land bank* robusto, pois acreditava que conseguiria crescer simplesmente ocupando espaços vazios nas praças onde já operava. Em paralelo ao desenvolvimento da MRV Engenharia, o grupo MRV tem investido em novos negócios considerados promissores e que apresentam sinergias com a construtora e incorporadora. A MRV LOG foi criada em 2008 para atuar na incorporação, construção e locação de Centros de Distribuição, Condomínios Industriais, HUBs e Condomínios Logísticos.

Em 2011, a construtora MRV Engenharia decidiu apostar no setor de loteamento para todos os tipos de classes de consumo, por meio da empresa Urbamais Properties e Participações. Em 2017, a empresa começou um novo negócio de locação de apartamentos, apostando na tendência mundial.

A estratégia adotada ao longo da sua trajetória de desenvolvimento, embasada em uma cultura altamente unificada dentro da empresa, determinou a forma de interação da MRV com diversos stakeholders — como clientes, empregados, agentes financeiros, fornecedores, investidores, governo e a própria sociedade brasileira —, gerando e capturando valor por meio da relação com esses stakeholders e seus respectivos modelos de negócios.

Por intermédio do desenvolvimento de novos produtos, processos e técnicas construtivas junto aos seus parceiros e da introdução de novos planos de financiamento para os clientes, a MRV tem buscado continuamente gerar mais valor para os seus clientes do que seus concorrentes

A MRV montou uma plataforma digital muito robusta. A empresa interage sistematicamente e de forma personalizada com mais de 10 milhões de pessoas — clientes potenciais — por meio de bancos de dados. Presente em todos os portais da internet, a MRV também atua fortemente em portais verticais.

Forma de vendas e relacionamento com corretores e imobiliárias

Em 2015, a MRV enfrentou um aumento significativo no número de distratos, que representaram 34% do total de unidades vendidas naquele ano, contra 28,5% e 25,2% em 2014 e 2013, respectivamente. Em 2016, decidiu alterar a forma de venda e o relacionamento com os corretores e imobiliárias. O novo modelo de vendas proporcionou um grande ganho de eficiência, pois a empresa conseguiu reduzir significativamente seus distratos — o que permitiu o seu dimensionamento para o volume adequado de vendas. A empresa trouxe para o seu processo de vendas a etapa de análise de crédito dos clientes, condicionando as vendas à aprovação do crédito pelas instituições financeiras.

Ao mesmo tempo, foi alterada a forma de comissão dos corretores, deixando parte da comissão para ser paga somente no desligamento

— momento em que ocorre o envio dos clientes com crédito aprovado para a Caixa Econômica Federal – CEF. Essa mudança foi implementada de forma escalonada e houve cuidado na estruturação da empresa para suportá-la, com a alocação de uma equipe capaz de fazer a análise de crédito.

Criação e compartilhamento de valor com agentes financeiros

A MRV e o setor de construção civil sempre dependeram de financiamentos e incentivos públicos para garantir disponibilidade de crédito para a baixa renda. Consequentemente, a MRV tem um relacionamento de longo prazo com instituições financeiras, especialmente com a CEF, principal banco fomentador e subsidiário da construção civil no Brasil. A MRV trabalha simultaneamente com duas formas de obtenção de capital para os seus empreendimentos: capital recebido por pessoas físicas (PF) e capital recebido por pessoas jurídicas (PJ) por intermédio das instituições financeiras, como a CEF e o Banco do Brasil, no modelo de crédito associativo.

Os primeiros 30 dias de obra são financiados inteiramente pela MRV, sendo posteriormente injetado capital de PF. Encaminhada a construção da obra, a MRV recebe o aporte de PJ proporcionalmente à conclusão de suas etapas. Esse capital possui juros extremamente baixos e — dada a eficiência da MRV na comercialização das unidades — acaba por resultar em aporte de alto volume de capital a juros extremamente baixos. Isso permite à empresa a intensificação de seus trabalhos e a conclusão rápida dos empreendimentos. Posteriormente, a MRV ainda possui 24 meses de prazo para o pagamento do capital recebido por PJ.

Valor entregue pela MRV para a CEF

Executivos da MRV destacam que o negócio da CEF no PMCMV se movimenta melhor graças à capilaridade e à qualidade da gestão da MRV e à forma como a empresa conduz a atração de clientes, a avaliação e a entrega para a instituição financeira. Isso reflete em um ótimo relacionamento entre as duas instituições. Outra contribuição da MRV para a CEF é a alta qualidade dos seus produtos e serviços, que reflete não somente na valorização dos empreendimentos pelos clientes — ajudando na redução de distratos —, mas também na definição de um padrão mais elevado de qualidade a ser seguido pelas demais construtoras e incorporadoras no PMCMV.

"O cliente tem que ter a melhor experiência de compra possível; ele tem que receber o melhor imóvel possível pelo dinheiro que ele está pagando. Esse imóvel tem que se valorizar ao longo do tempo, para isso deixar os bancos financiadores numa situação boa, de modo a não gerar um rompimento (do modelo de negócios) lá na frente", aponta Eduardo Fisher, copresidente da MRV.

Dessa forma, a empresa busca constantemente aumentar o valor dos empreendimentos para os seus clientes — por meio da oferta do melhor produto possível e viável para seus clientes, da localização favorável dos empreendimentos e de iniciativas em prol da educação dos seus clientes.

Com essa intenção de diminuir inadimplências e distratos — aumentando o valor compartilhado com as instituições financiadoras — a área de vendas da MRV passou a realizar a análise de crédito dos clientes antes de fazer o desligamento e o repasse deles para a aprovação final dos financiamentos pela CEF.

Criação e compartilhamento de valor com colaboradores

Segundo os copresidentes da MRV, Eduardo Fisher e Rafael Menin, compartilhar valor com seus colaboradores é uma necessidade e prioridade da MRV. Cobrança, metas, perseverança, rigidez na busca por redução de custos, informalidade, abertura para ouvir a opinião dos empregados e valorização de quem veste a camisa da empresa são algumas características culturais da MRV que se devem ao estilo de gestão do seu fundador e líder, Rubens Menin.

A proximidade e a informalidade imperam na cúpula da empresa e são transmitidas para os demais níveis organizacionais, contribuindo para a eficiência e para a integração entre as diversas áreas. Dessa forma, há flexibilidade e liberdade para os funcionários de todos os graus hierárquicos interagirem com a diretoria da empresa, discutindo estratégias e dificuldades do dia a dia.

O reconhecimento e a recompensa aos funcionários, assim como estímulos e treinamentos, são valores apresentados pela MRV aos seus colaboradores há décadas. As grandes ambições e o foco estratégico da empresa são definidos pelo fundador e pelos copresidentes, mas não há centralização na condução da estratégia nas questões do dia a dia.

Relacionamento com mão de obra própria, empreiteiras, corretores e imobiliárias

No setor de construção civil, é comum a terceirização de algumas atividades — como a subcontratação de empreiteiros para obras e de corretores ou imobiliárias para vendas. Atualmente, nas obras, a MRV tem 50% de mão de obra própria e 50% de mão de obra terceirizada. No entanto, a meta é alcançar 65% de mão de obra própria. Além disso, a empresa possui diversas ações para fornecer um bom ambiente nas obras.

Em outra vertente, as imobiliárias eram um gargalo para o crescimento da MRV. Então a empresa decidiu mudar o seu modelo de relacionamento com a sua estrutura terceirizada de vendas. Criou um canal de vendas chamado IMOB e retirou as imobiliárias dos plantões de vendas. Com a IMOB, as imobiliárias passaram a trabalhar com o apoio exclusivo de um corretor interno da MRV. Como o modelo de operação da empresa é peculiar na área de vendas — com aprovação do crédito antes da venda, sistema de informação e forma de negociar próprios —, esse apoio foi considerado necessário para garantir a conexão com a MRV.

Criação e compartilhamento de valor com fornecedores

A escala, o pagamento em dia, a presença nas principais cidades do Brasil e a constância da atuação da MRV em cada localidade onde está presente são importantes benefícios entregues pela empresa aos seus fornecedores.

O desenvolvimento de relacionamentos de longo prazo é almejado pela MRV, o que torna reais as oportunidades de crescimento de maneira simbiótica entre a construtora e os seus fornecedores. Setenta por cento dos fornecedores possuem um relacionamento de mais de trinta anos com a MRV.

Inovação junto a fornecedores

A MRV é uma empresa que experimenta e força seus parceiros a experimentar — inovações desde tintas e torneiras até paredes de concreto podem ser verificadas em seu produto. A empresa movimenta a cadeia para inovar, pois pressiona seus fornecedores a reduzir custos mantendo a qualidade dos seus produtos. Assim, estimula inovações em processos e o desenvolvimento de produtos inovadores. O conhecimento diferenciado da MRV sobre o setor de habitação para baixa renda contribui para que seus fornecedores consigam desenvolver produtos que atendam às necessidades da MRV e dos seus clientes.

A ideia do design inovador partiu do conhecimento da MRV sobre o seu mercado de atuação; no entanto, não teve inicialmente uma boa receptividade da empresa fornecedora. Mesmo assim a Docol apostou no desenvolvimento do produto e há nove anos todos os metais dos apartamentos da MRV são da marca.

Entre os projetos de inovação realizados pela MRV junto a seus fornecedores, destaca-se o desenvolvimento de um novo sistema produtivo, que contou também com a colaboração de outros atores da cadeia de valor da construção civil. Nesse grupo, composto pela Associação Brasileira de Cimento Portland (ABCP), calculistas, projetistas, empresas de hidráulica, concreto, formas de alumínio, tubos e conexões e outras empresas envolvidas no processo construtivo, ocorreram discussões técnicas que conduziram à definição de parâmetros a serem avaliados para a adequada implantação do novo sistema construtivo.

Entre os benefícios para a MRV com a construção com paredes de concreto produzidas com formas de alumínio, estão o aumento de qualidade, padronização e agilidade. Esse modelo construtivo ainda não exige mão de obra mais qualificada e pode ser facilmente replicado para outras localidades. A adoção desse sistema construtivo ocorreu no início de 2017, com maior verticalização em imóveis de 18 pavimentos no maior lançamento da história da MRV: um empreendimento de 7.300 unidades em São Paulo que se diferencia pela entrega não só de apartamentos, mas também de infraestrutura para um bairro inteiro, incluindo um batalhão de polícia e cabeamento subterrâneo.

Criação e compartilhamento de valor com municípios

O valor criado para os clientes com os empreendimentos oferecidos da MRV é estendido para os municípios, pois a empresa frequentemente realiza benfeitorias para as comunidades locais — especialmente no caso dos seus maiores empreendimentos. As construções de ruas, praças, escolas e postos de polícia que fazem parte do processo de negociação com os municípios são vistas como formas de valorização dos empreendimentos da MRV. Além disso, geram um alto impacto social nas regiões onde a empresa atua.

Criação e compartilhamento de valor

O setor de construção civil é marcado por uma alta sazonalidade, o que explica a falência de empresas nos períodos de menor demanda. A política da MRV para lidar com essa sazonalidade é manter o seu caixa alto para permitir a sua sobrevivência e reação nos momentos de crise.

Ao mesmo tempo em que assume o risco de descontinuidade de programas governamentais, a MRV está ciente que mudanças de hábitos dos clientes podem gerar impactos relevantes no seu modelo de negócios. A tendência mundial de adoção do modelo de aluguel em detrimento do modelo de compra de habitação levou a MRV a iniciar um novo negócio voltado para o aluguel de moradias de baixa renda. Entretanto, essa tendência ainda não é forte no Brasil e o alto déficit habitacional do país permite a manutenção do modelo tradicional para os próximos dez anos. "As pessoas vão continuar buscando casa própria. A demanda existe. A gente tem um produto bacana, então nós vamos ter que arrumar uma forma de colocar esse produto no mercado", pontua Júnia Galvão, diretora executiva de administração e do Centro de Serviços Compartilhados da MRV.

Novas tecnologias são acompanhadas pela empresa e não são consideradas potencialmente disruptivas para o setor de construção civil. Entretanto, além de buscar constantemente inovações em processos que permitem redução de custos com manutenção da qualidade, a MRV tem, atualmente, uma estratégia de inovação voltada para a sustentabilidade. Por exemplo, os líderes da empresa estão motivados a adotar energia renovável nas edificações da MRV. No segundo trimestre de 2017, foram lançados 8,3 mil apartamentos com placas de energia solar.

REFERENCIAL TEÓRICO

Abertura

Porter, Michael E. *Competitive strategy: techniques for analyzing industries and competitors*. Nova York: The Free Press, 1980. 396p.

Bellman, R., Clark, C. E., Malcolm, D. G., Craft, C. J., & Ricciardi, F. M. (1957). "On the construction of a multi-stage, multi-person business game". Operations Research, 5(4), p. 469-503. Disponível em: <http://dx.doi.org/10.1287/opre.5.4.469>.

Jones, G. M. "Educators, Electrons, and Business Models: A Problem in Synthesis". *The Accounting Review*, v. 35, n. 4, p. 619-626, 1960. ISSN 00014826. Disponível em: <http://www.jstor.org/stable/243430>.

Timmers, P. "Business models for electronic markets". Electronic Markets, v. VIII, n. II, p. 3-8, April 1998. Disponível em: <http://www.electronicmarkets.org/fileadmin/user_upload/doc/Issues/Volume_08/Issue_02/V08I2_Business_Models_for_Electronic_Markets.pdf>.

De Wit, B., & Meyer, R. (2010). *Strategy: Process, content, context*. An international perspective (4ª ed). South-Western Cengage Learning.

Amit, R., & Zott, C. (2001). "Value creation in e-business". *Strategic Management Journal*, 22, p. 493–520. Disponível em: <https://www.jstor.org/stable/3094318>.

Chesbrough, H., & Rosenbloom, R. (2002). "The role of the business model in capturing value from innovation: Evidence from Xerox Corporation's technology spinoff companies". Industrial and Corporate Change, 11, p. 533–534. Disponível em: <https://www.researchgate.net/publication/313201741_The_role_of_the_business_model_in_capturing_

value_from_innovation_Evidence_from_Xerox_Corporation's_technology_spinoff_companies>.

Magretta, J. (2002). "Why business models matter". *Harvard Business Review*, 80(5), p. 86–92. Disponível em: <https://store.hbr.org/product/why-business-models-matter-hbr-onpoint-enhanced-edition/9985?sku=9985-PDF-ENG>.

Hedman, J., & Kalling, T. (2003). "The business model concept: Theoretical underpinnings and empirical illustrations". European Journal of Information Systems, 12, p. 49–59. Disponível em: <https://www.researchgate.net/publication/31983458_Kalling_T_The_business_model_concept_Theoretical_underpinnings_and_empirical_illustrations_European_Journal_of_Information_Systems_121_49-59>.

Casadeus-Masanell, R., & Ricart, J. E. (2010). "From strategy to business models and onto tactics". Long Range Planning, 43, p. 195–215. Disponível em: <https://www.sciencedirect.com/science/article/abs/pii/S0024630110000051>.

Demil, B., & Lecocq, X. (2010). "Business Model Evolution: In Search of Dynamic Consistency". Business Models, 43(2), p. 227–246. Disponível em: <https://www.sciencedirect.com/science/article/abs/pii/S0024630110000105>.

Wirtz, Bernd. W. *Business model management: Design, process, instruments* (2ª ed). Editora Springer, 2020.

Bigelow, L. S., & Barney, J. B. (2021). "What can Strategy Learn from the Business Model Approach?" *Journal of Management Studies*, 58(2), p. 528–539. Disponível em: <https://ideas.repec.org/a/bla/jomstd/v58y2021i2p528-539.html>.

Prescott, J. E., & Filatotchev, I. (2021). "The Business Model Phenomenon: Towards Theoretical Relevance". *Journal of Management Studies*, 58(2), p. 517–527. Disponível em: <https://doi.org/10.1111/joms.12610>.

Fielt, E. (2014). "Conceptualising business models: Definitions, frameworks and classifications". *Journal of Business Models*, 1(1), p. 85–105. Disponível em: <https://www.researchgate.net/publication/273381704_Conceptualising_Business_Models_Definitions_Frameworks_and_Classifications>.

Wirtz, B. W., & Daiser, P. (2017). "Business model innovation an integrative conceptual framework". *Journal of Business Models*, 5(1), p. 14–34. Disponível em: <https://journalofbusinessmodels.com/issues/vol-5-no-1-2017/vol-5-no-1-pp-14-34/>.

Guldmann, E., Bocken, N., & De Wit, B., & Meyer, R. *Strategy Sybthesis. Resolving Strategy Paradoxes to Create Competitive Advantage*. 2ª edição. Editora South-Western College Pub, 2005.

Capítulo 1

Trajetória de descobertas e desenvolvimento: The Value of Choices Framework (VoC) — O Valor das Escolhas

SIBBET, David. *Reuniões visuais: como gráficos, lembretes autoadesivos e mapeamento de ideias podem transformar a produtividade de um grupo*. Rio de Janeiro: Alta Books, 2013.

Capítulo 2

Modelos de negócios: evolução e abordagens conceituais

Bellman, R., Clark, C. E., Malcolm, D. G., Craft, C. J., & Ricciardi, F. M. (1957). "On the construction of a multi-stage, multi-person business game". *Operations Research*, 5(4), p. 469–503. Disponível em: <https://pubsonline.informs.org/doi/10.1287/opre.5.4.469>.

Magretta, J. (2002). *What Management is: How it works and why it's everyone's business*. Nova York: Free Press, 2002.

Casadesus-Masanell, R., & Ricart, J. E. (2009). "Strategy vs business models vs tactics" (No. D/813). IESE Business School. Disponível em: <https://www.researchgate.net/publication/46464095_Strategy_vs_business_models_vs_tactics>.

Magretta, J. *O que é gerenciar e administrar*. Editora Campus, 2002.

Amit, Raphael & Zott, Christoph. (2012). "Creating value through business model innovation". *MITSloan Management Review*, Spring. Disponível em: <https://www.researchgate.net/publication/279555624_Creating_Value_Through_Business_Model_Innovation>.

Osterwalder, A., & Pigneur, Y. *Business model generation: inovação em modelos de negócios*. Rio de Janeiro: Alta Books, 2020.

Demil, B., & Lecocq, X. (2010). "Business model evolution: in search of dynamic consistency". Long range planning, 43(2–3), p. 227–246. Disponível em: <https://www.researchgate.net/publication/50233364_Lecocq_X_Business_Model_Evolution_In_Search_of_Dynamic_Consistency_Long_Range_Planning_43_227-246>.

Alberts, B. (2011). "Comparing business modeling methods: creating and applying a comparison framework for meta-business models". In: *Proceedings of the 14th Twente Student Conference on IT*, Enschede, Netherlands, p. 153–162. Disponível em: < https://link.springer.com/chapter/10.1007/978-3-642-37478-4_4>.

Capítulo 3

Conceito de Valor

Pitelis, C. (2009a). "Value capture from organizational advantages and sustainable value creation". Disponível em: <https://ideas.repec.org/p/esr/wpaper/dynreg43.html>.

Pitelis, C. N. (2009). "The co-evolution of organizational value capture, value creation and sustainable advantage". Organization studies, 30(10), p. 1115–1139. Disponível em: https://mpra.ub.uni-muenchen.de/23937/1/MPRA_paper_23937.pdf.

Bowman, C. & Ambrosini, V. (2000). "Value creation versus value capture: towards a coherent definition of value in strategy". *British Journal of Management*, 11(1), p. 1–15. Disponível em: <https://motamem.org/wp-content/uploads/2019/07/Value-Creation-Bowman-and-Ambrosini-2000.pdf>.

Besanko, D., Dranove, D., Shanley, M. & Schaefer, S. *Economics of strategy*. Editora John Wiley & Sons, 2009.

Brandenburger, A. M. & Stuart, H. W. (1996). "Value based business strategy". *Journal of economics & management strategy*, 5(1), p. 5–24. Disponível em: <https://doi.org/10.1111/j.1430-9134.1996.00005.x>.

Casadesus-Masanell, R. & Ricart, J. E. (2010a). "From strategy to business models and onto tactics". Long range planning. 43, p. 1–21. Disponível em: <https://www.resconpartners.com/wp-content/uploads/2018/10/Casadesus_et_Ricart.pdf>.

Casadesus-Masanell, R. & Yoffie, D. B. (2007). "Wintel: Cooperation and conflict". Management science, 53(4), p. 584–598. Disponível em: <https://www.jstor.org/stable/20110724>.

Casadesus-Masanell, R. & Ricart, J. E. "From strategy business models and to tactics". Working Paper. p. 10–36. Harvard Business School, 2009.

Lepak, D. P., Smith, K. G. & Taylor, M. S. (2007). "Value creation and value capture: a multilevel perspective". *Academy of Management Review*, 32(1), p. 180–194. Disponível em: <https://www.researchgate.net/publication/242561060_Value_Creation_and_Value_Capture_A_Multilevel_Perspective>.

Lieberman, M. B., & Balasubramanian, N. (2007). "Measuring value creation and its distribution among stakeholders of the firm". Disponível em: https://papers.ssrn.com/sol3/papers.cfm?abstract_id=2382099.

Magretta, J. (2002). "Why business model matter". *Harvard Business Review*, 80 (5), p. 86–92. Disponível em: https://pubmed.ncbi.nlm.nih.gov/12024761/.

Rumelt, R. P. (2003). "What in the world is competitive advantage?" *Policyworkingpaper*, 105, p. 1–5. Disponível em: <http://nts2.ximb.ac.in/users/fac/Amar/AmarNayak.nsf/dd5cab6801f1723585256474005327c8/0dbebe68d654f43e652578bc003d582a/$FILE/What%20is%20C%20A.pdf>.

De Brito, R. P. & Brito, L. A. L. (2012). "Vantagem competitiva e sua relação com o desempenho: uma abordagem baseada em valor". *RAC – Revista de Administração Contemporânea*, 16(3), p. 360–380. Disponível em: <http://www.spell.org.br/documentos/ver/7010/vantagem-competitiva-e-sua-relacao-com-o-desempenho-----uma-abordagem-baseada-em-valor>.

Shafer, S. M., Smith, H. J. & Linder, J. C. (2005). "The power of business models". *Business Horizons*, 48(3), p. 199–207. Disponível em: <http://www.matizyasociados.com/wp-content/uploads/2014/02/The-power-of-business-models-Shafer-Smith-Linder.pdf>.

Hamel, G. *Leading the revolution*. Boston, MA, USA: Harvard Business School Press. Boston, p. 343–354. e-book, 2000.

Hamel, G. *Leading the revolution: how to thrive in turbulent times by making innovation a way of life*. Boston, MA, USA: Harvard Business School Press. Editora Plume, 2002.

Chesbrough, H. & Rosenbloom, R. S. (2002). "The role of the business model in capturing value from innovation: evidence from Xerox Corporation's technology spinoff companies". Industrial and corporate change, 11(3), p. 529–555.

Rumelt, R. P. (2003). "What in the world is competitive advantage?" Policy Working Paper, 105, p. 1–5. Disponivel em: <http://nts2.ximb.ac.in/users/fac/Amar/AmarNayak.nsf/dd5cab6801f1723585256474005327c8/0dbebe68d654f43e652578bc003d582a/$FILE/What%20is%20C%20A.pdf>.

Besanko, D., Dranove, D., Shanley, M. & Schaefer, S. *Economics of strategy*. Editora John Wiley & Sons, 2009.

Chesbrough, H. & Rosenbloom, R. S. "The role of the business model in capturing value from innovation: evidence from Xerox Corporation's technology spinoff companies". Industrial and corporate change, v. 11, nº. 3, p. 529–555. 2002. Disponível em: http://icc.oxfordjournals.org/content/11/3/529.full.pdf+html.

Casadesus-Masanell, R. & Ricart, J. E. (2007). "Competing through business models". Working paper. No. 713, IESE – Business School. Disponível em: <https://media.iese.edu/research/pdfs/DI-0713-E.pdf>.

Casadesus-Masanell, R. & Ricart, J. E. (2009). "From strategy business models and to tactics". Working paper. p. 10–36. Harvard Business School.

Casadesus-Masanell, R. & Ricart, J. E. (2010a). "From strategy to business models and onto tactics". Long range planning. 43, p. 1–21. Disponível em: <https://www.sciencedirect.com/science/article/abs/pii/S0024630110000051?via%3Dihub>.

Casadesus-Masanell, R. & Ricart, J. E. (2010b). "Competitiveness: business model reconfiguration for innovation and internationalization". Management research – *Journal of the Iberoamerican academy of management*, 8(2), p. 123–149.

Casadesus-Masanell, R. & Ricart, J. E. (2011). "How to design a winning business model". *Harvard Business Review*. 89, p. 1–2. Disponível em: <https://www.hbs.edu/faculty/Pages/item.aspx?num=38951>.

Capítulo 4

As Quatro Lentes de Valor

Casadesus-Masanell, R. (2004). "Dinamica competitiva y modelos de negocio". *Universia business review*, 4(4). Disponível em: <https://www.redalyc.org/pdf/433/43300401.pdf>.

Casadesus-Masanell, R.& Ricart, J. E. (2007). "Competing through business models". Working paper. No. 713, IESE – Business School. Disponível em: <https://media.iese.edu/research/pdfs/DI-0713-E.pdf>.

Casadesus-Masanell, R. & Ricart, J. E. (2009). "From strategy business models and to tactics". Working paper. p. 10–36. Harvard Business School.

Casadesus-Masanell, R.& Ricart, J. E. (2010a). "From strategy to business models and onto tactics". Long range planning. 43, p. 1–21. Disponível em: <https://www.sciencedirect.com/science/article/abs/pii/S0024630110000051?via%3Dihub>.

BERGER, Peter L; LUCKMANN, Thomas. *A Construção Social da Realidade*. (1966).

BAUMAN, Zygmunt. *Modernidade Líquida*. Editora Zahar, 2001. Disponível em: https://lotuspsicanalise.com.br/biblioteca/Modernidade_liquida.pdf.

Capítulo 5

Oferta de Valor

Christensen, C. M., Hall, T., Dillon, K., & Duncan, D. S. (2016). "Know your customers"jobs to be done"". *Harvard Business Review*, 94(9), p. 54–62.

e-book 2020: *O Maior Mapeamento de Impacto das Startups da América Latina* – parceria Fundação Dom Cabal e Innovation Latam – reconhecida pelo Selo iImpact 2020. Startup: givemove.com.

e-book 2020: *O Maior Mapeamento de Impacto das Startups da América Latina* – parceria Fundação Dom Cabal e Innovation Latam – reconhecida pelo Selo iImpact 2020. Startup: agendaedu.com.

Revista Pequenas Empresas & Grandes Negócios Revistapagen.globo. com(. Agenda Edu: a edtech brasileira com um milhão de usuários.

FazGame – www.fazgame.com.br.

Kukac – www.kukac.com.br.

www.segs.com.br – Pesquisa aponta que 70% dos carros não têm seguro.

blog.bancointer.com.br.

www.braziljorunal.com – A estratégia por trás do super app do Banco Inter.

Sinek, S. *Start with why: How great leaders inspire everyone to take action*. Penguin, 2009.

Johnson, M. W., Christensen, C. M., & Kagermann, H. (2008). "Reinventing your business model". *Harvard Business Review*, 86(12), p. 57–68. Disponível em: <https://hbr.org/2008/12/reinventing-your-business-model>.

Gonzalez, Victor M. "Primero propósitos, luego productos: define el porquè antes del como". Disponível em https://medium.com/@victormgonzalez/primero-prop%C3%B3sitos-luego-productos-define-el-porqu%C3%A9-antes-del-c%C3%B3mo-4f9c2b279734.

Pitelis, C. N. (2009). "The co-evolution of organizational value capture, value creation and sustainable advantage". *Organization studies*, 30(10), p. 1115–1139. Disponível em https://mpra.ub.uni- muenchen.de/23937/1/MPRA_paper_23937.pdf.

Banco Inter (2022) – https://blog.bancointer.com.br/.

www.braziljournal.com – A estratégia por trás do super app do Banco Inter.

Chesbrough, Harry. (2007). "Business model innovation: it's not just about technology anymore". *Strategy and Leadership* 35 (6), p. 12–17. Disponível em: <https://doi.org/10.1108/10878570710833714>.

Caso FDC–IBM – www.ibm.com.br, www.fdc.org.br/conhecimento/publicacoes.

Caso In Loco (2019): Creating Value Through Ubiquitous Computing – https://www.thecasecentre.org/products/view?id=165369 The Case Centre – UK – (2019).

Artigo – "FDC Near-Shore e Near-Sharing: A oportunidade para a América Latina (2022)". *White paper.*

Capítulo 6

Escolhas

Johnson, M. W., Christensen, C. M. & Kagermann, H. (2008). "Reinventing your business model". *Harvard Business Review*, 86(12), p. 57–68. Disponível em: <https://radio.shabanali.com/reinventing-your-business-model.pdf>.

Barney, J., & Hesterly, W. (2011). *Administração estratégica e vantagem competitiva: conceitos e casos.* Trad. Midori Yamamoto.

Barney, J. (1991). "Firm resources and sustained competitive advantage". *Journal of Management*, 17(1), p. 99–120. Disponível em: <https://doi.org/10.1177/014920639101700108>.

Case FDC – Café Jacu Bird – www.fdc.org.br/conhecimento/publicacoes (2018) – FDC.

Warnier, V., Weppe, X., & Lecocq, X. (2013). "Extending resource-based theory: considering strategic, ordinary and junk resources". Management Decision. Disponível em: <https://doi.org/10.1108/MD-05-2012-0392>.

Mercado Livre: https://www.cnnbrasil.com.br/business/2020/08/07/mercado-livre-ultrapassa-vale-e-e-a-empresa-mais-valiosa-da-america-latina.

Boomera startup e sistema B: https://www.sistemab.org/ e https://boomera.com.br/ (acessados em setembro de 2022).

Fréry, F., Lecocq, X., & Warnier, V. (2015). "Competing with ordinary resources". *MIT Sloan Management Review*, 56(3), p. 69. Disponível em: <https://www.researchgate.net/publication/338984651_Competing_With_Ordinary_Resources_MIT_Sloan_Management_Review_2015_vol_56_no_3_p_69>.

GERSTNER, Louis V. *Who says elephants can't dance?: inside IBM's historic turnaround.* Harper Collins Publishers, 2002.

Penrose, E. T. *A teoria do crescimento da firma.* Editora Unicamp, 2006.

Demil, B., & Lecocq, X. (2010). "Business model evolution: in search of dynamic consistency". Long range planning, 43(2-3), p. 227-246. Disponível em: <https://www.researchgate.net/publication/50233364_Lecocq_X_Business_Model_Evolution_In_Search_of_Dynamic_Consistency_Long_Range_Planning_43_227-246>.

e-book iImpact (2021): *O Maior Mapeamento de Impacto das Startups da América Latina* – parceria Fundação Dom Cabal e Innovation Latam – Selo iImpact 2021. Caso Startup – IOUU – Análise Modelo VOC – www.iouu.com.br (acessado em 15 setembro de 2022).

e-book iImpact (2021): *O Maior Mapeamento de Impacto das Startups da América Latina* – parceria Fundação Dom Cabal e Innovation Latam – Selo iImpact 2021. Caso Startup – GoRaymi – Análise Modelo VOC – https://www.goraymi.com (acessado em 15 setembro 2021).

Nersessian, N. *Creating scientific concepts.* Cambridge: MIT Press, 2010.

Casadesus-Masanell, R.& Ricart, J. E. (2010a). "From strategy to business models and onto tactics". Long range planning. 43, p. 1–21. Disponível em: <https://www.sciencedirect.com/science/article/abs/pii/S0024630110000051?via%3Dihub>.

Case Vodafone – M-Pesa: https://www.vodafone.com/what-we-do/services/m-pesa (acessado em 15 de agosto2022).

Case IBM Watson – https://www.fdc.org.br/conhecimento/publicacoes/caso-34539 (2018).

Lashitew, A. A., van Tulder, R., & Muche, L. (2020). "Social Value Creation in Institutional Voids: A Business Model Perspective". Business & Society, 0007650320982283. Disponível em: https://journals.sagepub.com/doi/pdf/10.1177/0007650320982283.

Porter, M., & Siggelkow, N. (2008). "Contextuality within activity systems and sustainability of competitive advantage". *Academy of Management Perspectives*, 22(2), p. 34–56. Disponível em: https://repository.upenn.edu/cgi/viewcontent.cgi?article=1179&context=mgmt_papers.

Porter, M. (1996). "What is strategy?" *Harvard Business Review*. Extraído de https://hbr.org/1996/11/what-is-strategy, Nov–Dez.

Zott, C., & Amit, R. (2010). "Business model design: An activity system perspective". Long range planning, 43(2–3), p. 216–226.

Leite, J. B. D., & Porsse, M. D. C. S. (2003). "Competição baseada em competências e aprendizagem organizacional: em busca da vantagem competitiva". *Revista de Administração Contemporânea*, 7(SPE), p. 121–141. Disponível em: <https://doi.org/10.1590/S1415-65552003000500007>.

Case FDC – Louis Vuitton Moet Hennessy – LVMH – www.fdc.org.br/conhecimento/publicacoes (2018) – FDC.

Case FDC – Renner – www.fdc.org.br/conhecimento/publicacoes (2018) – FDC.

Case FDC – Café Hot Shot – www.fdc.org.br/conhecimento/publicacoes (2018) – FDC.

Case FDC – Toms Shoes – www.fdc.org.br/conhecimento/publicacoes (2018) – FDC.

Case FDC – IBM Watson – www.fdc.org.br/conhecimento/publicacoes (2018) – FDC.

Case FDC – TS Studio – www.fdc.org.br/conhecimento/publicacoes (2018) – FDC.

Casadesus-Masanell, R.& Ricart, J. E. (2010a). "From strategy to business models and onto tactics". Long range planning. 43, p. 1–21. Disponível em: <https://www.sciencedirect.com/science/article/abs/pii/S0024630110000051?via%3Dihub>.

Casadesus-Masanell, R. & Ricart, J. E. (2010b). "Competitiveness: business model reconfiguration for innovation and internationalization". Management research – *Journal of the Iberoamerican Academy of Management*, 8(2), p. 123–149.

e-book iImpact (2021): *O Maior Mapeamento de Impacto das Startups da América Latina* – parceria Fundação Dom Cabal e Innovation Latam – Selo iImpact 2021.

Revista Forbes Mexico: Acesso site www.forbes.com.mx – Informações divulgadas na matéria do caderno online *Empreendedores da Forbes Mexico*: "30 Promesas 2021: Maternidade o empleo? Momlancers dice no a la desyuntiva" – fevereiro 2021.

Barney, J. (1991). "Firm resources and sustained competitive advantage". Journal of Management, 17(1), p. 99–120. Disponível em: <https://doi.org/10.1177/014920639101700108>.

Leite, J. B. D., & Porsse, M. D. C. S. (2003). "Competição baseada em competências e aprendizagem organizacional: em busca da vantagem competitiva". *Revista de Administração Contemporânea*, 7(SPE), p. 121–141. Disponível em: <https://doi.org/10.1590/S1415-65552003000500007>.

Magretta, J. *Entendendo Michael Porter: o guia essencial da competição e estratégia*. Casa Educação – São Paulo: HSM Editora, 2012. 246 p.

Porter, M. (1996). "What is strategy?" *Harvard Business Review*. Extraído de https://hbr.org/1996/11/what-is-strategy Nov–Dez 1996.

Magretta, J. *Entendendo Michael Porter*. São Paulo: HSM Editora, 2012.

Capítulo 7

Consequências

Casadesus-Masanell, R.& Ricart, J. E. (2010a). "From strategy to business models and onto tactics". Long range planning. 43, p. 1–21. Disponível em: <https://www.sciencedirect.com/science/article/abs/pii/S0024630110000051?via%3Dihub>.

Casadesus-Masanell, R. & Ricart, J. E. (2010b). "Competitiveness: business model reconfiguration for innovation and internationalization". Management research – *Journal of the Iberoamerican Academy of Management*, 8(2), p. 123–149.

Porter, M. E. (1980). "Competitive strategy: techniques for analyzing industries and competitors".

Porter, M. E. (1985). "Competitive advantage: creating and sustaining superior performance". Disponível em: <https://www.hbs.edu/faculty/Pages/item.aspx?num=195>.

Ricart, E. J. "Modelo de Negocio: El eslabon perdido en la direccion estrategica". *Universia Business Review*, p. 12–25, 2009.

e-book iImpact (2021): *O Maior Mapeamento de Impacto das Startups da América Latina* – parceria Fundação Dom Cabal e Innovation Latam – Selo iImpact 2021.

Caso In Loco (2019): Creating Value Through Ubiquitous Computing – https://www.thecasecentre.org/products/view?id=165369 The Case Centre – UK – (2019).

Bowman, C., & Ambrosini, V. (2003). "How the resource-based and the dynamic capability views of the firm inform corporate-level strategy". *British Journal of Management*, 14(4), p. 289–303. Disponível em: <https://doi.org/10.1111/j.1467-8551.2003.00380.x>.

Voelpel, S. C., Leibold, M., & Tekie, E. B. (2004). "The wheel of business model reinvention: how to reshape your business model to leapfrog competitors". *Journal of Change Management*, 4(3), p. 259–276. Disponível em: <https://doi.org/10.1080/1469701042000212669>.

Achtenhagen, L., Melin, L., & Naldi, L. (2013). "Dynamics of business models–strategizing, critical capabilities and activities for sustained value creation". *Long range planning*, 46(6), p. 427–442. Disponível em: <http://dx.doi.org/10.1016/j.lrp.2013.04.002>.

Kraaijenbrink, J., Spender, J. C., & Groen, A. J. (2010). "The resource-based view: A review and assessment of its critiques". *Journal of Management*, 36(1), p. 349–372. Disponível em: <https://doi.org/10.1177/0149206309350775>.

McCracken, G. (1986). "Culture and consumption: A theoretical account of the structure and movement of the cultural meaning of consumer goods". *Journal of Consumer Research*, 13(1), p. 71–84. Disponível em: <https://doi.org/10.1086/209048>.

Amit, R., & Zott, C. (2001). "Value creation in e-business". *Strategic Management Journal*, 22(6–7), p. 493–520. Disponível em: <https://www.researchgate.net/publication/215915200_Value_Creation_in_E-Business>.

Plé, L., Lecocq, X., & Angot, J. (2010). "Customer-integrated business models: a theoretical framework". Management, 13(4), p. 226–265. Disponível em: <https://www.researchgate.net/publication/49133501_Customer-Integrated_Business_Models_A_Theoretical_Framework>.

Lepak, D. P., Smith, K. G., & Taylor, M. S. (2007). "Value creation and value capture: A multilevel perspective". *Academy of Management*

Review, 32(1), p. 180–194. Disponível em: <https://doi.org/10.5465/amr.2007.23464011>.

Magretta, J. (2002) "Why business models matter". *Harvard Business Review*. Disponível em: https://hbr.org/2002/05/why-business-models-matter.

Yunus, M., Moingeon, B., & Lehmann-Ortega, L. (2010). "Building social business models: Lessons from the Grameen experience". *Long range planning*, 43(2–3), p. 308–325. Disponível em: https://www.researchgate.net/publication/262002643_Building_Social_Business_Models_Lessons_from_the_Grameen_Experience.

Brandenburger, A. M., & Stuart Jr, H. W. (1996). "Value-based business strategy". *Journal of economics & management strategy*, 5(1), p. 5–24. Disponível em: <https://doi.org/10.1111/j.1430-9134.1996.00005.x>.

Magretta, J. *Entendendo Michael Porter*. São Paulo: HSM Editora, 2012.

Aspara, J., Hietanen, J., & Tikkanen, H. (2010). "Business model innovation vs replication: financial performance implications of strategic emphases". *Journal of Strategic Marketing*, 18(1), p. 39–56. Disponível em: <https://doi.org/10.1080/09652540903511290>.

Migueles, C. *Antropologia do consumo: casos brasileiros*. FGV Editora, 2007.

Demil, B., Lecocq, X., Ricart, J. E., & Zott, C. (2015). "Introduction to the SEJ special issue on business models: business models within the domain of strategic entrepreneurship". Disponível em: <https://doi.org/10.1002/sej.1194>.

Magretta, J. (2002) "Why business models matter". Disponível em: https://hbr.org/2002/05/why-business-models-matter.

Pitelis, C. (2009a). "Value capture from organizational advantages and sustainable value creation". Disponível em: <https://ideas.repec.org/p/esr/wpaper/dynreg43.html>.

Pitelis, C. N. (2009b). "The co-evolution of organizational value capture, value creation and sustainable advantage". Organization studies, 30(10), p. 1115–1139. Disponível em: https://mpra.ub.uni-muenchen.de/23937/1/MPRA_paper_23937.pdf.

Porter, M. E. (1980). "Competitive strategy: techniques for analyzing industries and competitors". Disponível em: <https://www.hbs.edu/faculty/Pages/item.aspx?num=195>.

Porter, M. E. (1985). "Competitive advantage: creating and sustaining superior performance". New. Disponível em: <https://www.hbs.edu/faculty/Pages/item.aspx?num=193>.

Case FDC – Anti-café – www.fdc.org.br/conhecimento/publicacoes (2017) – FDC.

Case FDC – Hot Shot – www.fdc.org.br/conhecimento/publicacoes (2017) – FDC.

Clarkson, M. E. (1995). "A stakeholder framework for analyzing and evaluating corporate social performance". *Academy of Management Review*, 20(1), p. 92–117. Disponível em: https://doi.org/10.5465/amr.1995.9503271994.

Chesbrough, H. & Rosenbloom, R. S. (2002). "The role of the business model in capturing value from innovation: evidence from Xerox Corporation's technology spinoff companies". Industrial and corporate change, 11(3), p. 529–555.

Casadesus-Masanell, R. & Ricart, J. E. (2011). "How to design a winning business model". *Harvard Business Review*. 89, p. 1–2. Disponível em: https://hbr.org/2011/01/how-to-design-a-winning-business-model.

Casadesus-Masanell, R. & Yoffie, D. B. (2007). "Wintel: Cooperation and conflict". Management science, 53(4), p. 584–598. Disponível em: https://www.jstor.org/stable/20110724.

Casadesus-Masanell, R. & Ricart, J. E. (2009, november). "From strategy business models and to tactics". Working paper. p. 10–36. Harvard Business School. Disponível em: https://www.hbs.edu/ris/Publication%20Files/10-036.pdf.

Casadesus-Masanell, R. & Zhu, F. (2010). "Strategies to fight ad-sponsored rivals". Management science, 56(9), p. 1484–1499. Disponível em: https://www.jstor.org/stable/40864654.

Lepak, D. P., Smith, K. G., & Taylor, M. S. (2007). "Value creation and value capture: A multilevel perspective". *Academy of management review*, 32(1), p. 180–194. Disponível em: https://doi.org/10.5465/amr.2007.23464011.

Lieberman, M. B., & Balasubramanian, N. (2007). "Measuring value creation and its distribution among stakeholders of the firm". Disponível em: https://papers.ssrn.com/sol3/papers.cfm?abstract_id=2382099.

Garcia-Castro e Aguilera (2014, p.140). Garcia, Castro, R. e Aguilera, R. V. (2014). "Incremental value creation and appropriation in a world with multiple stakeholders". *Strategic Management Journal*, 36(1), p. 137–147. Disponível em: https://doi.org/10.1002/smj.2241.

Harrison, J. S., Bosse, D. A. & Phillips, R. A. (2010). "Managing for stakeholders, stakeholder utility functions, and competitive advantage". *Strategic Management Journal*, 31(1), p. 58– 74. Disponível em: https://www.researchgate.net/publication/228299272_Managing_for_Stakeholders_Stakeholder_Utility_Functions_and_Competitive_Advantage.

e-book iImpact (2021): O *Maior Mapeamento de Impacto das Startups da América Latina* – parceria Fundação Dom Cabal e Innovation Latam – Selo iImpact 2021.

Porter, M. E., & Kramer, M. R. (2011). "Criação de valor compartilhado". *Harvard Business Review*, 89(1/2), p. 62–77. Disponível em: https://hbr.org/2011/01/the-big-idea-creating-shared-value.

Harrison, J., Bosse, D. & Phillips, R. (2010). "Managing for stakeholders, stakeholder utility functions, and competitive advantage". *Strategic Management Journal*, 31(1), p. 58–74. Disponível em: https://www.researchgate.net/publication/228299272_Managing_for_Stakeholders_Stakeholder_Utility_Functions_and_Competitive_Advantage.

Sarturi, G., Seravalli, C., & Boaventura, J. M. G. (2015). "Afinal, o que é distribuir valor para os stakeholders? Uma análise bibliográfica sobre o tema". *Revista de Administração da UFSM*, 8, p. 92–113. Disponível em: https://doi.org/10.5902/1983465916556.

Freeman, R. E. *Strategic management: A stakeholder approach.* Editora Cambridge University press, 2010.

Clarkson, M. E. (1995). "A stakeholder framework for analyzing and evaluating corporate social performance". *Academy of Management Review*, 20(1), p. 92–117. Disponível em: https://www.jstor.org/stable/258888?origin=crossref.

Lepak, D. P., Smith, K. G. & Taylor, M. S. (2007). "Value creation and value capture: a multilevel perspective". *Academy of Management Review*, 32(1), p. 180–194. Disponível em: https://doi.org/10.5465/amr.2007.23464011.

DeWit, B.; Meyer, R. *Strategy: process, content, context.* 2010.

Cengage Learning. "Perspectives on organizational purpose", p. 607–613. Editora South-Western/Cengage Learning e Hampshire, United Kingdom.

Global Impact Investing Network. Disponível em https://thegiin.org.

Expert ESG. "Cisnes Verdes: O Boom do Capitalismo Regenerativo?" John Elkington. Vídeo 04:38. Disponível em: https://conteudos.xpi.com.br/expert-esg/o-mundo-muda-gradualmente-ate-o-de-repente-chegar/.

Black Rock. Site. – https://www.blackrock.com/br/2019-larry-fink-carta-ceo.

We Forum. Site. – https://www.weforum.org/agenda/2019/12/davos-manifesto-2020-the-universal-purpose-of-a-company-in-the-fourth-industrial-revolution/.

We Forum. Site. – https://www.weforum.org/agenda/2021/01/how-corporate-boards-can-lead-on-esg/.

Instituto FSB Pesquisa para a Beon – relatório CEO Outlook 2022, da KPMG.

Amit, R. & Zott, C. (2001). "Value creation in e-business". *Strategic Management Journal*, 22 (6/7), p.493. Disponível em: https://www.jstor.org/stable/3094318.

De Brito, R. P. & Brito, L. A. L. (2012). "Vantagem competitiva e sua relação com o desempenho: uma abordagem baseada em valor". *RAC – Revista de Administração Contemporânea*, 16(3), p. 360–380. Disponível em: https://doi.org/10.1590/S1415-65552012000300003.

Harrison, J. S., Bosse, D. A. & Phillips, R. A. (2010). "Managing for stakeholders, stakeholder utility functions, and competitive advantage". *Strategic Management Journal*, 31(1), p. 58–74. Disponível em: https://www.researchgate.net/publication/228299272_Managing_for_Stakeholders_Stakeholder_Utility_Functions_and_Competitive_Advantage.

Lepak, D. P., Smith, K. G. & Taylor, M. S. (2007). "Value creation and value capture: a multilevel perspective". *Academy of Management Review*, 32(1), p. 180–194. Disponível em: https://doi.org/10.5465/amr.2007.23464011.

Case FDC – Doiselle – www.fdc.org.br/conhecimento/publicacoes (2018) – FDC.

e-book iImpact (2020): *O Maior Mapeamento de Impacto das Startups da América Latina* – parceria Fundação Dom Cabal e Innovation Latam – Selo iImpact 2021.

e-book iImpact (2021): *O Maior Mapeamento de Impacto das Startups da América Latina* –parceria Fundação Dom Cabal e Innovation Latam – Selo iImpact 2021.

Almquist, E., Senior, J., Bloch, N. (2016). "The elements of value: measuring and delivering what consumers really want". Disponível em https://hbr.org/2016/09/the-elements-of-value?utm_campaign=HBR&utm_source=facebook&utm_medium=social.

Capítulo 8

Caso Extra – MRV

Apresentações institucionais da MRV – diversas. Central de Resultados MRV: http://ri.mrv.com.br/

Estado de Minas. Faixas 2 e 3 do Minha Casa Minha Vida atraem mais incorporadoras e ampliam concorrência. Disponível em: https://www.em.com.br/app/noticia/economia/2016/07/17/internas_economia,784569/faixas-2-e-3-do-mcmv-atraem-mais-incorporadoras-e-ampliam-concorrencia.shtml (acessado em 3 de novembro de 2017).

Estado de Minas. MRV planeja iniciar até fim do ano seu maior projeto, com 25 torres em SP. 19 jun. 2016. Disponível em: https://www.em.com.br/app/noticia/economia/2016/06/19/internas_economia,774470/mrv-planeja-iniciar-ate-fim-do-ano-seu-maior-projeto-com-25-torres-em.shtml (acessado em 3 de novembro de 2017).

Motta, M.; Luketic, I.; Merchant, A. "Brazilian Homebuilders". J.P. Morgan. Latin America Equity Research. Abr. 2014.

Quintão, Q. "Construtoras ampliam disputa por faixa 2 do Minha Casa, Minha Vida". *Valor Econômico*. Jun. 2015. Disponível em: https://valor.globo.com/empresas/noticia/2015/06/08/

construtoras-ampliam-disputa-por-faixa-2-do-minha-casa-minha-vida.ghtml.

Rockmann, R. *Carta Capital*. Até 2024, Brasil terá de proporcionar moradia para 20 milhões de famílias. 18 dez. 2015.

Site da BM&FBOVESPA.

Site da MRV: www.mrv.com.br.

Site da Sienge: https://www.sienge.com.br/minha-casa-minha-vida/.

Site da Tekla: https://www.tekla.com/br/sobre/o-que-%C3%A9-bim.

Vídeo: *A abertura de capital da MRV*. Disponível em: https://www.youtube.com/watch?v=yqFiF4FYCaU.

ÍNDICE

Símbolos

24 Sèvres (site e app) 112

A

ABN Amro 172
acionistas 16, 42, 53, 81, 127
Agenda Edu 65, 159
AgroJusto 103
Aguilera, R. V. 143
Alberts, B. 36
Alicerce Educação 132
Amazon 29, 102–103
Ambrosini, V. 40
Amit, Raphael 32, 155
Annan, Kofi 153
Apple 32, 62
Aristóteles 39
Arnault, Bernard 112
Associação Brasileira de Cimento Portland (ABCP) 179
atividades 53, 58, 93–109
  complementares 101–113
  estratégicas / genéricas 98–110
  interações entre as 101–113
  sistema de 104
  substitutas 101
  tipos e suas interações 98–110
Autonomy Capital 172

B

B1G1 Buy One Give One 115
B2B 27, 66–69, 100
B2C 69, 100
Balasubramanian, N. 44, 142
Banco do Brasil 175
Barney, Jay 80, 116
Besanko, D. 42
Black Rock 153
Bluemix 97
BMC Business Model Canvas 33
Boomera 84
Bowman, C. 40
Bradesco 97
Brandenburger, A. M. 43, 140
Brito, L. A. L. 42, 155
BS Pactual 172
Burger King 100–112
Buscapé 71

C

Cabal, Regina 119
cadeia de valor 101–103, 154, 179
cadeia produtiva 43, 62
  posicionamento na 141
café Blue Mountain 83
café Jacu Bird 82
café Kopi Luwak 83
Caixa Econômica Federal
  – CEF 175
Casadesus-Masanell, R. 34, 44, 47,
  79, 110, 125
Chesbrough, H. 44, 58
Christensen, C. M. 63, 80
Clarkson, M. E. 137
cliente(s) 44
  experiência do 101–103
  necessidades dos 15, 54
  segmento de 14
competências 14, 54, 87, 118, 135
  centrais (core competences) 95
concorrentes 16, 47, 59, 94–122
COVID-19, pandemia de 27,
  60, 133
cultura 69, 81, 115, 173
  mudanças de 154
custo de oportunidade 43,
  139–140

D

Danone 120
De Brito, R. P. 42, 155

Demil, B. 34
diferencial
  competitivo 135
  estratégico 111
digital
  ambiente 101
  analfabetismo 89
  modelo de negócio 88
  transformação 66, 89
disrupção 31
distribuição de renda 88
dividendos 148
Docol 179
Doisélles 157

E

EBITDA 148
e-business 30
e-commerce 99–101, 112–113
economia
  circular 84, 99, 154
  compartilhada 31
ecossistema colaborativo 162
efetividade operacional 111
Elkington, John 153
eLuxury (site) 112
empresa(s) 13, 41, 51, 68
  ambiente de atuação 17
  funcionalidade dinâmica 25
  intermediárias 60
  perspectiva da 79
escolhas 79, 111

do modelo de gestão 113
  estratégicas 125
  valor das 54
ESG 26, 152
estratégia 30–31, 79, 116–120
  competitiva 110
  de expansão 26
  visão da 59

F

FazGame 67
Fink, Larry 153
Fisher, Eduardo 172
Fleury Medicina e Saúde 97
fornecedor(es) 43–45, 100–108,
    137–142, 151–158, 165–169
Fórum Econômico Mundial 153
framework 9–11, 13–16, 33–37
framework VoC 14, 17–20, 51–54,
    79, 135, 165
franquia 26
Freeman, R. E. 137
Freemium 29
Fréry, F. 85
Fundação Lemann 66

G

Galvão, Júnia 180
Garcia-Castro, R. 143
Gerstner, Lou 58
GiveMove 64

Golden Circle 67
Google 102
GoRaymi 88
Guimarães, Raquell 157

H

Hamel, G. 44
HotShot 95

I

IBM 58–60
IBM Watson 68, 96
iImpact, Selo 26
impacto social 88, 132
impacto socioambiental 26,
    31, 101
In Loco 70, 130
inovação 32, 135, 154, 178.
    Consulte diferenciais
    competitivos
inside-out 3, 59, 81, 159
IOUU plataforma 88

J

JCPenney 99–111
job-to-be-done 63, 68, 80
John Deere 62
Johnson, M. W. 68
José Cuervo 120

K

Kagermann, H. 68
Kellog's 120

L

Lader Energy 145
Le Bon Marché 112
Lecocq, X. 34, 85
Lepak, D. P. 40
Leroy Merlin 100–112
Líder Táxi Aéreo 99–111
Lieberman, M. B. 44, 142
Lojas Renner 98–110
Lopez, Diego 89
Louis Vuitton Moet Hennessy (LVMH) 112–114
lucratividade 44, 98, 103, 116, 141, 146–156

M

Machado, Sara 132
Magretta, Joan 137
mandala 18, 20, 52, 57
mapas mentais 20
MARS 120
Marx, Karl 40
Meetin, Ivan 138
Menin, Rafael 177
Menin, Rubens 177

mercado
  demanda de 42, 112, 129
  oportunidades do 54, 110
  posicionamento no 59, 110
  valor percebido pelo 69, 139
Mercado Livre 84
meta-business model 36
Mira Coffee 95
modelo(s) de negócio(s) 14, 23, 52, 57, 79, 100–112
  adequando seu 117
  avaliação da qualidade do 125
  componentes de 45
  conceito prático 25
  escolher o adequado 29
  papel do(s) 39
  tipos de 25
Momlancers 119
monetização 110, 137
M-Pesa 94
MRV Engenharia 97, 171–181
Musk, Elon 62
Mycoskie, Blake 114

N

Naspers grupo 71
Near-Friendly 63
Near-Sharing 61
Near-shore 27, 61
Nestlé 96

O

Objetivos de Desenvolvimento Sustentável (ODS) 153
 ODS 11 103
oferta de valor 22, 54
Open Innovation (Inovação Aberta) 49
organogramas 20
Osterwalder, A. 33
outside-in 3, 59, 126

P

Patachou 99–111
Payless Shoe Source 117
Penrose, Edith 86
perspectiva 116
Pigneur, Yves 33
Pitelis, C. 39
Platão 39
Porter, Michael 95, 111, 126
 cinco forças 116
posicionamento 14, 53, 58, 110
 ambiente externo 110
 competitivo 110
 definição da teoria do 111
 setor, segmento e canais 122
private labels 158
Programa Minha Casa Minha Vida (PMCMV) 171
projeto "Flor de Lotus" 157
propósito 67–69, 93, 117–119, 152–153

Q

qualidade dos produtos e serviços 176
questões éticas 156

R

RCOV 34
recursos 53, 58, 80–92
 físicos, financeiros e humanos 14
 natureza dos 80
 próprios ou de terceiros 14
 tipos de 81
 visão baseada em 118
rentabilidade 95, 156
Resende, Rodrigo 172
retorno econômico-financeiro 137, 148
Ricardo, David 40
Ricart, J. E. 34, 44, 47, 79, 110, 125
Rosenbloom, R. S. 44
Rumelt, R. P. 42

S

Santa Food Orgânicos 160
Schneider Electric 62
Serviços de Assinatura 28
serviços produtivos 87
Seva Foundation 118
Shafer, S. M. 44
shareholder 152

Sibbet, David 19
Sinek, Simon 67
Skechers 117
Sloper, Henrique 82
slow fashion, conceito de 158
Smith, Adam 40
Smith, D. P. 40
Social Bank 162
Speck 68
stakeholders 13, 26, 41, 49, 79, 99–111, 174
  definições 137
  grupos de 151
  múltiplos 126
Steiner, Rudolph 82
Stuart Jr., H. W. 43, 140

T

Target 117
Taylor, M. S. 41
teoria
  da elasticidade e da demanda 125
  da Organização Industrial (OI) 126
  organizacional 32
TheraSkin 97
The Value of Choices (VoC) 51
TOMS Eyewear 118
TOMS Roasting Co. 118
Toms Shoes 114
top accounts 60
trade-offs 111
Triple Bottom Line 153
TS Studio 99–111

U

UCC Ueshima Coffee 95
Ucrânia, invasão da 61
Unilever 120
Universidade de Stanford 71
Urbamais Properties e
  Participações 173

V

valor
  agregar 49
  apropriado 15, 58, 79
  atributos de 82
  compartilhado 117
  conceito de 39–41
  concepção de 104
  criado 58, 79
  dimensões do 14–17
  distribuído 15, 49, 53, 58, 79, 150, 155
  generativo 15–16
  mecanismos que conferem 127
  para os colaboradores 165
  potencial de 48
  proposto, perceber o 48
  reconhecido 69
  tangíveis e intangíveis 13, 138
valor, atribuição de 85
valor, captura de 30, 44, 47–53, 126–129, 137–150
valor, compartilhar 117, 145
valor, criação de 15, 25, 41, 49, 53, 57, 81, 100–112, 172

avaliação dos drivers 131
condições comerciais
   favoráveis 129
conjecturada e realizada 57, 67
direcionamento e julgamento 48
foco da 42
impacto na 36
valor, geração de 39, 135
valor, oferta de 14, 32, 49, 61, 139
   atributos da 115
   entrega da 91
valor, percepção de 40, 66, 131
valor, proposta de 57, 64
Value Creation Appropriation —
   VCA 144
vantagem competitiva 15, 42,
   98–110, 129, 156
   fonte de 81
VBR Visão Baseada em
   Recursos 81
Villalta, Yanira 163
Vodafone 94
VPL valor presente líquido 143

W

Walmart 102–114
Walsh, Jon 96
Warnier, V. 85
Water for People 118
Waymo 102–114
Whole Foods 103–115

X

Xenofonte 39

Y

Yanni Shoes 163

Z

Ziferblat 138
zona temporal 15, 53
Zott, Christoph 32, 155

Este livro foi impresso nas oficinas gráficas da Editora Vozes Ltda.,
Rua Frei Luís, 100 – Petrópolis, RJ.